부동산 공화국에서 투자자로 살아남기

부동산 공화국에서
투자자로 살아남기

초판 발행 2018년 7월 30일

지은이 이창우

펴낸이 이성용
책임편집 박의성　**책디자인** 책돼지

펴낸곳 빈티지하우스
주 소 서울시 마포구 양화로11길 46 505호(서교동, 남성빌딩)
전 화 02-355-2696　**팩 스** 02-6442-2696
이메일 vintagehouse_book@naver.com
등 록 제 2017-000161호 (2017년 6월 15일)

ISBN 979-11-89249-02-1 13320

부동산
공화국에서
투자자로
살아남기

부동산 전문가는
절대로 알려주지 않는
18가지 이야기

이창우 지음

빈티지하우스
VINTAGE HOUSE

서문

꼭 투자가 아니더라도
우리 삶에서 부동산은 거대한 문제다

시장이 급격하게 변화하고 있지만 대부분의 사람들이 여전히 놓지 못하는 믿음이 있다.

"부동산은 안전하다."

영원불멸의 진리는 하나밖에 없다. 모든 것은 변하고 없어진다는 것. 부동산은 안정자산이라는 가정을 의심하는 순간 많은 기준들이 바뀐다.

내가 놀랐던 것은, 사람들이 공인중개사나 뉴스 등을 통해 얻은 편협한 정보만 가지고 부동산을 구입한다는 사실이었다. 전 재산의 70~80%나 되는 부동산을 구입할 때 꼼꼼히 살펴보고 판단했을 것이라고 생각했지만 현실은 그렇지 못했다. 사회적으로 명망 있고 학벌도 좋은 중소기업체 대표인 지인도 그랬다. 일처리에는 그렇게 철저한 사람이 부동산을 선택할 때는 허술하고 빈틈이 많았다. 이는 특별한 경우가 아니다. 당장 주변을 살펴봐도 이런 사람들을 쉽게 찾아볼 수 있다.

쉽게 접하는 정보나 뉴스로 쉽게 결정하는 모습을 옆에서 지켜보며 나까지 불안해졌다. 부동산시장은 철저한 약육강식의 세계다. 무방비로 노출된 초식동물 같은 초보 투자자들을 보호할 야트막한 울타리조차 없다. 벌떼처럼 몰려다니는 투자자들을 잡기 위해 공급자들은 곳곳에 덫을 쳐놓고 기다리고 있다. 경매시장이 그렇고, 최근 이슈가 되고 있는 꼬마빌딩, 소형주택 투자가 그렇다.

정말 중요한 것은
내 재산을 지키는 것이다

부동산이 지속적으로 상승해왔기 때문에 꼼꼼하게 살펴보고 분석하지 않아도 지금까지는 큰 문제가 없었다. 하지만 지금은 너도 나도 부동산투자를 시작하고, 여기저기서 초보 투자자들의 돈을 빼먹기 위해 빨대를 꼽으려는 인간들로 가득한 상황이다. 이곳에서 살아남기 위해서는 '내 돈을 잃지 않겠다'는 확고한 신념이 있어야 한다. 내 돈을 잃지 않으려면 수많은 키워드와 정보, 뉴스에 숨은 의도를 해석할 수 있어야 한다.

이 책을 통해 내가 이야기하고 싶은 것은 크게 세 가지다.

첫째, 항상 시장을 관찰하고 변화를 모니터링하라.

부동산은 움직이지 않는 자산이다. 하지만 시장은 지속적으로 변화하기 때문에 부동산의 가치가 올라가기도 하고 내려가기도 한다. 성장기에는 부동산의 가치가 상승하는 방향으로만 변화했다. 하지만 경제가 침체기로 접어들면서 부동산 역시 가치가 하락하는 경우도 발생하고 있다. 이 책에서는 시장이 어떻게 변화하고 있으며, 어떤 변화가 어떻게 투자에 영향을 미치는지 다룰 것이다.

둘째, 정보의 홍수 속에서 진주를 발견할 수 있는 능력을 기르자.

시장의 변화를 관찰하다 보면 수많은 정보들을 접하게 된다. 거짓정보와 과장된 정보가 넘쳐나는 와중에 진주와 같은 정보를 흘려보내지 않는 혜안이 필요하다. 이 책에서는 정보와 뉴스에 숨은 진짜 의도를 꼼꼼하게 분석할 것이다.

셋째, 변하지 않는 부동산투자 기준을 갖자.

좋은 정보를 가지고 있다고 부동산투자에 성공할 수 있는 것은 아니다. 부동산투자에 성공하기 위해서는 변하지 않는 기준이 있어야 한다. 사람들이 (투자에 성공하든 실패하든) 지레 겁부터 먹는 것은 기준이 없기 때문이다. 실패에 대한 두려움 없이 지속적으로 수익을 내기 위한 기준을 이 책에서 소개한다.

똑같은 부동산은 없고, 똑같은 시장 상황도 없다. 누군가를 따라 해서 성공할 수 있는 방법은 결국 없는 것이다. 중요한 것은 '나만의' '변함없는' '기준'이다. 이러한 기준이 부동산을 걱정거리가 아닌 즐거움으로 만들 수 있을 것이다.

목차

1장

소형주택은 정말
투자 가치가 높을까?

"1~2인 가구의 증가로 소형주택의 수요가 계속 늘어나고 있습니다. 특히, 임대 수요가 많기 때문에 안정적인 임대수익을 원하는 투자자에게 소형주택이 딱 입니다."

부동산투자에 관심이 있는 사람이라면 한 번쯤 들어본 이야기다. 사실 수년간 소형주택은 소액으로 안정적인 수익을 올릴 수 있는 '황금' 투자처로 투자자들의 주목을 받아왔다. 2000년대 후반 중대형 위주의 주택 공급과 1~2인 가구의 증가로 수요와 공급의 괴리가 발생하면서 소형주택의 가격은 가파르게 상승했다. 덕분에 발 빠른 투자자들은 소형주택으로 높은 수익을 올릴 수 있었다.

직장인, 은퇴자 등 초보 투자자의 투자자금이 소형주택으로 몰리자 건설사들은 늘어난 수요를 맞추기 위해 소형주택의 공급을 급격히 늘리기 시작했다. 정부 또한 소형주택의 공급 부족을 해결하겠다며 도시형 생활주택을 보급하겠다고 나섰다.

하지만 2009년부터 본격적으로 공급되기 시작한 도시형 생활주택을 비롯한 소형주택은 수요예측에 완전히 실패하면서 공급 2년 만에 과잉 상태에 이르렀다. 순식간에 애물단지로 전락한 것이다.

왜 이렇게 되었을까? 뉴스를 봐도 1~2인 가구의 증가는 사실인 것 같은데 말이다. 우선 소형주택의 공급과잉은 통계를 잘못 분석한 전문가와 언론에게 1차적 책임이 있다. 1~2인 가구의 증가는 '팩트'다. 통계청의 발표를 봐도 2010년부터 2035년까지 1인 가구는 84%, 2인 가구는 80% 늘어나는 반면, 4인 가구는 44%, 5인 이상 가구는 61% 줄어든다고 한다.

하지만 통계수치를 조금만 들여다보면 새로운 정보를 얻을 수 있다. 소형주택의 주된 수요계층은 40세 미만 청장년층인데, 우리나라 1~2인 가구 증가의 주원인은 소형주택 수요와 상관없는 노인 가구 증가에 있다는 점이다. 우리나라 노령화 속도가 세계 최고 수준인 것은 누구나 아는 사실이다. 15세 미만 유소년 인구 대비 65세 이상 노령 인구 비율인 노령화지수

그래프 1. 고령 인구 비중 추이

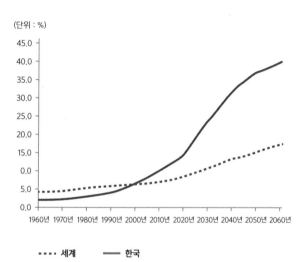

(단위 : %)

세계 ・・・・
한국 ──

(출처: 인구주택총조사, 통계청)

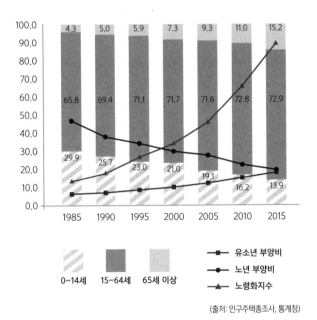

그래프 3. 주요 국가 1인 가구 비율(2015년)

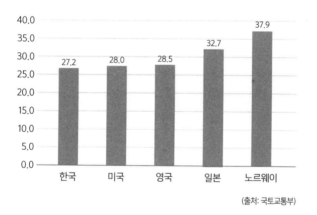

(출처: 국토교통부)

그래프 4. 가구원수 규모

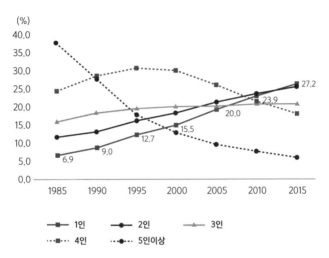

(출처: 국토교통부)

는 2010년 69.7%에서 2016년 100.1%로 급격히 상승했다.

이러한 요인을 간과한 채 정부와 전문가들은 소형주택 수요가 증가할 것이라고 예측했고, 여기에 규제 완화가 더해지면서 오피스텔과 원룸형 다가구, 도시형 생활주택이 과도하게 공급된 것이다.

게다가 금융위기 이후 주택 거래 부진과 가격 하락 추세로 전세시장이 불안정해지자 전월세난 해소를 위한다는 당위성이 더해졌다. 정부는 도시형 생활주택의 공급을 늘리기 위해 주차장 설치 기준을 완화하고, 건설비 대출이자를 연 2.0%의 저금리로 제공하며 사업자의 수익을 보장했다. 덕분에 도시형 생활주택 건설은 80% 이상 증가했고, 오피스텔 공급과 겹치면서 공급과잉 상태에 직면한 것이다.

2008년부터 지속된 저금리 정책으로 실질금리가 1%대를 유지하자 투자자들은 안정적인 수익이 보장되는 수익형 부동산을 찾기 시작했다. 각종 통계치와 정부 정책으로 포장된 소형주택은 그들의 구미에 딱 맞는 투자처였고, 소형주택에 대한 투자자들의 관심은 폭발적으로 늘어났다.

앞서 확인했듯이 1~2인 가구 증가의 상당 부분은 50세 이상의 장노년층 증가로 인한 현상이다. 특히 도시 지역보다 농어촌 지역에서의 1~2인 가구 증가율이 더 높기 때문에 소형주택으로의 수요 전환에는 한계가 분명하다.

이러한 상황에도 불구하고, 소위 업자들은 "실투자금 1억 원으로 오피스텔 4채 구입", "연 10% 이상 임대수익 보장" 등과 같은 광고문구로 주택시장 상황에 대한 이해가 부족한 투자자들을 현혹하고 있다. 이미 소형주택이 공급과잉된 상태에서 제대로 된 분석 없이 소형주택에 투자하는 것은 건설사의 미분양 물량을 떠안는 것과 마찬가지라는 사실을 지금이라도 알아야 한다.

제2의 월급은 가능할까?

소형주택투자가 대세라는 말은 사자들이 먹잇감을 다 먹어치우고 하이에나가 뼈까지 싹 훑고 간 자리에 독수리가 몰려들고 있다는 말이나 다름없다. 그런데도 30~40대 직장인은 물론이고 은퇴를 앞둔 중장년층도 대출까지 받아가며 소형주택으로 제2의 월급을 꿈꾸고 있다.

　소형주택의 높은 수익률은 이미 옛말이다. 공급과잉으로 임대료는 계속 떨어지고, 기대했던 임대수익은 나오지 않는다. 그렇다고 처분하기에는 매매가가 너무 하락해 투자자들은 진퇴양난에 빠졌다. 전문가들의 잘못된 수요예측과 전세시장에 대한 잘못된 이해 때문에 피해를 보는 것은 결국 저금리 기조에서 임대수익을 기대했던 애꿎은 은퇴자들과 영세 투자자들이다.

　전국의 오피스텔 임대수익률(그래프5)을 보자. 임대수익률은 평균 5.04%로 8년째 하락하고 있다. 매매가가 높은 서울은

그래프 5. 오피스텔 임대수익률

오피스텔 임대수익률 추이

12월 말(2018년은 5월말) 조사 기준
*는 20일 기준 시중은행 주택담보대출 최대 금리

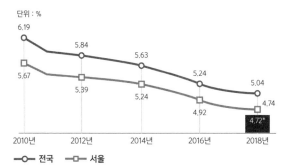

단위 : %

| 2010년 | 2012년 | 2014년 | 2016년 | 2018년 |

전국: 6.19, 5.84, 5.63, 5.24, 5.04
서울: 5.67, 5.39, 5.24, 4.92, 4.74
4.72*

—○— 전국 —□— 서울

전국·수도권 오피스텔 입주물량 추이

*는 예정

단위 : 실

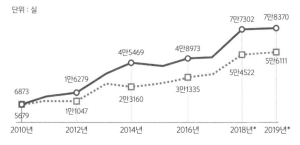

| 2010년 | 2012년 | 2014년 | 2016년 | 2018년* | 2019년* |

6873, 1만6279, 4만5469, 4만8973, 7만7302, 7만8370
5679, 1만1047, 2만3160, 3만1335, 5만4522, 5만6111

(자료: 부동산114)

4.72%까지 떨어진 상태다. 도시형 생활주택은 이보다 더 심각하다. 서울 전체 도시형 생활주택 6만 8,620가구를 조사한 결과 임대수익률은 연평균 4.29%를 기록했다. 새로 입주하는 소형주택 가격 또한 분양가보다 2,000~3,000만 원 싼 매물이 수두룩하고, 경매시장에서도 이미 찬밥 신세를 면치 못하고 있다.

월세 수입을 목적으로 하는 수익형 임대사업은 철저하게 수요와 공급에 따라 임대료가 결정된다. 그런데 임대료는 이미 하향 추세를 보이고 있다. 소형주택 임대시장의 수급불균형이 지속된다면 결론은 이미 정해진 것과 마찬가지다.

주택시장의 특성상 수요는 급변할 수 있어도, 공급을 조절하는 데는 시간이 걸린다. 건물을 지으려면 시간이 걸린다는 사실을 생각해보라. 새로운 주택을 공급하기 위해서 시간이 걸리듯, 이미 건설을 시작한 주택은 공급을 멈추기 어렵다.

이를 잘 활용한 사람들이 바로 초기 소형주택 투자자들이다.

분명 초기에는 소형주택의 수요와 공급에 괴리가 발생했고, 이 때 소형주택에 투자를 한 투자자들은 높은 임대수익과 매매수 익을 얻었다.

하지만 지금은 공급이 넘치는 상황으로 급변했다. 이러한 데 이터를 검증하는 것은 투자자 자신의 몫이어야 한다. 수익형 부동산이라고 사두면 누군가 월세를 꼬박꼬박 낼 것이라는 믿 음을 당장 접어야 할 것이다. 지금 당장 발품을 팔아 부동산 몇 군데만 돌아봐도 오피스텔, 상가 등 수많은 수익형 부동산의 공실률을 실감할 수 있을 것이다.

summary

안전하게 강을 건너기 위해서는 강을 아는 것이 중요하다. 중요한 것은 강이 어디로 흐르는가가 아니다. (강이 어디로 흐르는지는 모두 알고 있지 않은가!) 강물에 뛰어들기 전에 강의 세밀한 부분을 파악하는 것이 먼저다. 강에도 얕은 부분이 있고, 유속이 느린 부분이 분명히 존재한다. 이를 찾지 못하면 수익으로 흐르는 거센 강물을 이겨내지 못할 것이다.

2장

경매의 가성비는
어느 정도일까?

서점 재테크 코너에 가보면 널린 게 부동산경매 관련 서적이다. 어쩌면 이 책을 읽고 있는 독자의 책꽂이에도 몇 권의 부동산경매 서적이 자리 잡고 있을지도 모르겠다. 지금 이 시점에 부동산투자의 꽃은 단연코 부동산경매다.

부동산경매는 연평균 1~3만 건 정도가 진행되고, 누구나 참여할 수 있으며, 투자수익률이 높아 부동산경매 법원은 실수요자뿐만 아니라 투자자들로 넘쳐난다. 하지만 인기만큼의 위험성도 분명히 존재한다는 사실을 간과해서는 안 된다.

경매를 통해 낮은 금액으로 낙찰 받은 줄 알고 기뻐했는데, 생각지도 못한 비용이 많이 발생해 입찰대금조차 돌려받지 못한 채 낙찰 자체를 포기하는 경우가 대표적이다. 실제 사례를 살펴보자. 실거래가액이 최고 5억 9,200만 원인 창천동의 현대홈타운 84.98제곱미터 물건이 약 5억 7,000만 원에 낙찰된 적이 있다. 2,000만 원 이상의 수익을 봤다고 기뻐한 것도 잠깐, 명도비용과 원주인의 밀린 관리비, 인도명령 강제집행 등

추가적인 비용이 발생하면서 오히려 일반 거래보다 손해를 보게 되었다. 거기다 경매에 들인 시간과 노력을 고려한다면 금전적인 손해 이상의 손해를 보게 된다.

이처럼 부동산경매는 주변 시세뿐만 아니라 명도비용, 전세권, 저당권, 취득세 같은 부대비용 등이 모두 고려돼야 하는데, 얕은 지식으로는 해결할 수 없는 문제들이다.

그럼에도 부동산경매에 사람들이 주목한 것은 높은 수익률 때문이었다. 물론 경매를 처음 시도할 때는 모든 사람들이 보수적으로 판단한다. 하지만 몇 번의 입찰 실패를 경험하게 되면 조급증이 생기고, 낙찰에만 집중해 주변 시세와 비슷하거나 더 높은 금액을 써내기도 한다. 결국 경매의 목적이 유명무실해지는 것이다.

부동산경매가 실패하는 이유

경매가의 기준은 시세가 아니라 감정평가액이다. 감정평가액을 기준으로 입찰금액과 유찰에 따른 기준금액이 결정된다. 그렇다면 감정평가액과 시세의 차이는 무엇일까? 가장 큰 차이는 감정평가액은 시세를 6개월 정도 늦게 반영한다는 점이다. 부동산 상승기라면 감정평가액은 시세보다 낮게 책정될 테고, 하락기라면 시세보다 높게 책정된다.

이 감정평가액에 대한 이해가 부족해 경매가 실패하는 경우가 많다. 법원의 경매는 감정평가액을 기준으로 하기 때문에 시세의 80%에 낙찰을 받더라도 감정평가액이 시세보다 낮았다면 20%나 싸게 산 것이 아니게 된다. 특히 감정평가액의 80% 이상으로 낙찰을 받았다면 소유권 이전비용 등과 같은 부대비용을 고려했을 때 결코 저렴하게 산 것이 아니다.

그렇다면 감정평가서만 믿고 투자하면 될까? 합리적인 투자금액은 감정평가액과 현장조사를 통해 확인한 시세를 비교함으로써 비로소 산출될 수 있기 때문에 감정평가서만 맹신하는 것은 금물이다.

향후 해당 지역 부동산 전망, 예상 임대수익, 명도비용, 추가 이전비용 등을 계산할 수 있는 부동산 전문가가 아니라면 경매도 보수적으로 접근하는 것이 옳다. 수익을 추구하기보다 손해를 최소화하는 것이 투자의 제1원칙이기 때문이다.

부동산경매의 기본원칙은 감정평가액과 시세 중 낮은 금액의 80% 이하로 낙찰 받는 것으로 삼자. 이 원칙만 기억한다면 투자의 실패를 대부분 피할 수 있을 것이다. 경매라는 단어 때문에 간혹 실수하는 사람이 있기에 언급하면, 부동산경매의 목적은 승리가 아니라 수익이다. 낙찰이 끝이 아니라 수익을 내는 것이 목적임을 잊지 말자.

경매의 수익률을 결정하는 것은 낙찰가가 아니다. 무슨 해괴한 논리인가 하고 의아해 하는 사람이 있을 것이다. 잘 생각해 보자. 낙찰가와 시세의 차익은 경매에 입찰할 때 이미 결정된

사항이다. 입찰 당시 정해진 기대수익이란 뜻이다.

문제는 수익이 기대와 같이 발생하지 않는다는 점이다. 명도비용과 이사비용 등 경매 물건의 인수를 위해 발생하는 부대비용이 있기 때문이다. 실제 수익률은 입찰 당시 기대했던 시세와 낙찰가의 차익에서 각종 부대비용을 뺀 금액이 된다. 시세보다 싼 가격에 낙찰 받는 것도 중요하지만, 경매 물건의 인수를 위한 각종 부대비용을 어떻게 계산하고 어떻게 절감하느냐에 따라 수익률은 크게 차이가 난다.

초보 투자자들은 낙찰 받는 데 집중하느라 부대비용을 고려하지 못한다. 경매에서는 적절한 경매가로 낙찰 받는 것도 중요하지만, 무엇보다 명도 문제를 해결하는 것이 최우선이다. 경매로 소유권을 취득해도 전 소유자에게 인도받지 못하면 온전히내 집이 됐다고 할 수도 없고, 수익 발생 시점도 늦어진다.

이를 해결하기 위한 법적 절차가 마련되어있지만, 이 절차를따른다고 문제가 빠르게 해결되는 것도 아니다. 게다가 모든 비용을 낙찰자가 부담해야 하기 때문에 셈이 빠른 낙찰자들은 이사비용 등을 지급해 수익 발생 시점을 조금이라도 앞당기려고 한다.

신뢰할 수 없는 경매 통계

경매에서 가장 중요한 통계는 낙찰률이다. 낙찰률이 높아지면 경매시장 과열, 떨어지면 침체라는 기사를 한 번쯤은 접해봤을 것이다. 그런데 낙찰률이 부동산 각각의 특성을 반영하고 있을까? 예를 들어 아파트와 토지의 전국 평균매각률은 각각 80%와 60%이다. 그 차이가 20%p에 달하는데, 이를 평균으로 받아들이면 물건에 따른 합리적인 선택을 가로막게 된다. 부동산 가격은 지목, 면적, 형태, 도로 및 교통여건, 개발 가능성, 건축규제, 환금성, 편의 시설, 주차여건 등에 따라 차이가 발생하기 때문이다.

　부동산 가격을 왜곡시키는 조건들도 많다. 등기부등본상의 지상권, 지역권, 전세권, 보전가등기, 환매등기, 예고등기, 가처분 등, 매각 후 말소되지 않는 권리가 있는 물건은 가격이 떨어진다. 또한 매각 대상 부동산에 신고된 유치권, 분묘기지권 등에 따라 가격이 달라지기 때문에 통계가 왜곡되는 것이다.

통계를 활용하기 위해서는 기본적으로 데이터의 조건이 동일해야 한다. 1억 원의 82제곱미터 아파트와 2억 원의 105제곱미터 아파트를 비교하기 위해서는 매매 가격이 아니라 평당 가격으로 변환하여 비교해야 하는 것이다. 이를 통해 유의미한 통계적 변화 추이를 분석할 수 있다.

부동산 통계, 특히 매각과 관련된 통계는 참고만 해야 한다. 단순한 매각가율 통계는 통계로서의 요건을 충족시키지 못한다는 사실을 기억하자. 통계는 잘 쓰면 칼이 되지만, 잘못 쓰면 독이 된다.

summary

부동산시장 침체기에는 경매시장이 활발하게 움직인다. 대부분의 투자자들도 침체기에는 경매투자가 저가로 부동산을 취득할 수 있는 좋은 방법이라 판단한다. 하지만 경매까지 나온 물건들 중에서 좋은 부동산을 찾아보기 쉽지 않은 게 현실이다. 낮은 금액으로 낙찰 받기는 더더욱 어렵다. 낙찰 금액뿐만 아니라 부대비용까지 포함해 수익률을 고려하고 투자에 임해야 후회 없는 투자를 할 수 있다.

3장

조합 아파트는 어떻게
반값 아파트가 되었을까?

내 집 마련의 수단으로 최근 주목받고 있는 것이 지역주택조합 아파트다. 그 인기를 반영하듯이 최근 2년 새 공급 물량이 2배나 늘었다고 한다.

지역주택조합 아파트는 무엇이고, 왜 인기가 많을까? 청약통장이 필요 없다는 점이 지역주택조합 아파트 인기의 첫 번째 이유다. 또한 일반분양보다 분양가가 저렴하기 때문에 침체에 빠진 부동산시장에서 틈새시장으로 주목받고 있다. 하지만 법적 안전장치가 미비하고, 인기에 편승한 과도한 마케팅으로 인해 피해를 볼 수 있어 주의가 필요하다.

주택조합이란 일정한 자격 요건을 갖춘 조합원에게 청약저축 가입 여부와 관계없이 주택을 공급하는 제도로, 지역주택조합, 직장주택조합, 리모델링주택조합, 임대주택조합 등이 있다. 지역주택조합 제도는 1970년대 후반 무주택자의 내 집 마련과 주택 공급 촉진을 위해 도입됐는데, 동일 지역 내 무주택 세대주(전용면적 85제곱미터 이하 1주택 소유자 포함)로 구성된 조합원이 자발적으로 조합을 구성하여 공동으로 토지를 구매하고 시공사를 선정하여 주택을 건립한다. 일반분양 아파트와 달리 내가 살 아파트를 '직접' 짓기 때문에 시행사가 따로 필요하지 않고, 중소형 평형만 공급하기 때문에 조합원 분담금이 낮아 일반분양 아파트에 비해 가격이 20%가량 저렴하다.

문제는 많은 투자자들이 조합원 분담금을 분양가로 착각하고 있다는 점이다. 분양가와 분담금은 엄연히 다르다. 특히 조합원을 모집할 때 제시된 금액은 확정금액이 아니기 때문에 입주할 때 추가적인 분담금이 발생할 수 있다는 점을 주의해야 한다. 만약 주택조합 아파트에 투자할 생각이라면 현재의 분담금이 아니라 입주 시점의 가격을 예상해 투자를 결정해야 한다.

아파트 투자를 결정할 때는 시공사의 브랜드도 중요한 역할을 한다. 하지만 주택조합 아파트의 경우 시공사는 브랜드만 제공할 뿐, 어떤 책임도 지지 않는다는 사실을 함께 기억해야 할 것이다.

고소 고발이 난무하는 주택조합

주택조합 아파트는 시행비용을 절감할 수 있어 계획대로 순조롭게 진행될 경우 일반 아파트에 비해 10~20% 정도의 가격경쟁력을 가진다. 하지만 말 그대로 사업이 '계획대로', '순조롭게' 진행될 경우다. 주택조합은 생각보다 사업이 제대로 진행되지 않는 경우가 많고, 앞서 언급한 것처럼 그 책임을 조합원이 고스란히 지기 때문에 리스크가 매우 크다.

더 큰 문제는 대부분의 조합원들이 이러한 사실을 모르는 '깜깜이'가 된다는 점이다. 조합원 모집을 위탁수행하는 분양대행사는 분양가, 착공 시기, 입주 시기 등만 강조하며 가입을 유도한다. 이때 초기비용을 마치 일반분양 아파트의 확정분양가처럼 홍보하기 때문에 수요자들은 이름만 다른 일반분양 아파트로 인식한다.

주택조합의 핵심은 조합원 본인이 비용을 분담해 사업을 추진하는 시행주체가 된다는 점이다. 지역주택조합은 조합의 자율성과 책임을 전제로 하는 만큼 아파트 건설에 필요한 모든 절차를 직접 수행해야 한다. 조합원들이 돈을 모아 아파트를 지을 땅을 사고, 건축계획을 세워 행정기관에 승인을 받는 등의 모든 과정을 직접 처리해야 하는 것이다. 이를 통해 공사비를 절감하고 수익을 발생시켜 분담금을 줄일 수도 있다. 하지만 현실적으로 개발 관련 지식과 경험이 없는 조합원이 먼저 사업을 추진하는 것은 불가능하다.

이에 시행사 역할을 하는 업무대행사가 먼저 개발 가능한 토지를 물색한 후 조합원을 모아 추진위원회를 설립하고 시공사를 선정하는 방식으로 사업이 진행된다. 최초 조합을 결성한 추진위원회와 이후 조합 가입자 간의 갈등, 토지 매입 지연, 토지 가격 상승, 건축계획 변경 등으로 사업이 지연 또는 실패하면 추가 분담금이 발생하는데, 이로 인해 고소 고발이 난무하고 있다. 하지만 최초 지역주택조합 가입을 알선하거나 홍보한 업무대행사나 분양대행사 등은 사업의 한 부분을 위탁받아 업무를 진행할 뿐, 사업 지연 등에 대한 책임을 지지 않

는다. 책임은 온전히 지역주택조합에 가입한 투자자 본인이
져야 한다.

지역주택조합 아파트의 위험요인

분양가 규제로 분양 가격과 시장 가격 사이에 차이가 발생하면
서 아파트 분양시장은 투기판으로 변질됐다. 이를 타개하기 위
해 도입된 주택조합 제도는 저렴한 가격으로 주택을 마련할 수
있다는 장점을 바탕으로 IMF 이전까지 조합 아파트 건설붐을
일으켰다.

2000년대 이후 재정비사업이 활발하게 진행되면서 조합 아
파트 건설붐이 주춤했지만, 최근 주택 경기가 회복되면서 다시
사업 추진 건수가 증가하고 있다. 2010년 이전에 설립된 조합
의 평균사업규모는 268세대에 그쳤지만, 2015년 이후 1,000
세대를 초과하는 대형사업장 설립이 증가 추세를 보이고 있고,
평균사업규모도 600세대를 넘기면서 조합 아파트의 르네상스

그래프 6. 지역주택조합 설립인가 추이와 평균사업규모

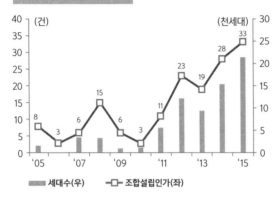

지역주택조합 설립인가 추이

세대수(우) ── 조합설립인가(좌)

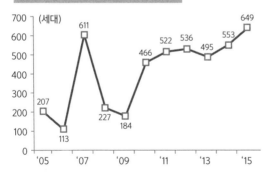

지역주택조합 평균사업규모 (평균세대수)

(자료: 국민권익위원회)

가 찾아왔다.

하지만 분양 사기, 공금 횡령, 비싼 수수료 등 비전문가인 조합원들을 대상으로 한 다양한 문제가 터지면서 지역주택조합 아파트에 대한 부정적 인식이 확대되고 있다.

지역주택조합의 위험요인은 첫째, 사업 추진주체인 조합원이 사업에 대한 이해가 부족하다는 점이다. 조합원은 사업주체로서 사업 전반에 대한 직접 참여의 의무와 권리가 있지만 대부분의 조합원들은 이에 대한 이해 없이 저렴한 가격에만 홀려 가입한다.

큰돈이 굴러가는 사업에서 사업 전반에 대한 이해는커녕 관심도 없는 조합원들은 손쉬운 먹잇감이 된다. 문제가 발생했다고 해도 주택조합은 임의탈퇴가 어렵고, 탈퇴하더라도 기존에 납부한 금액에 대한 상당한 손해가 발생한다. 토지 매입비용 상승, 용적률 변경, 기부체납 등으로 발생하는 추가 분담금 또한 정확하게 파악하기 어렵다.

이미지 1. 지역주택조합은 조합원이 사업주체다

둘째, 추진위원회와 업무대행사의 법적 규정이 불분명하다는 점이다. 이 둘은 관계법령상 근거가 없는 단순 임의단체로, 향후 조합설립인가 시 자동적으로 소멸된다. 법적으로 근거가 미약하기 때문에 문제가 발생해도 책임의 소재가 불분명하다.

셋째, 매매계약과 조합설립인가에 요구되는 토지사용승낙서는 사업 추진 시 소유 토지를 매각할 의사가 있다는 표현일 뿐 매매대금을 확정해주지 않는다. 때문에 조합설립인가 후에도 매입 가격 상승으로 인한 추가 분담금과 사업 지체 가능성이 존재한다. 최초 조합원 가입 시 제시되는 분양가는 통상 시공사와 하도급계약에 근거해 추정된 예정분양가로, 사업 과정 중 높은 확률로 증액된다.

지역주택조합은 예상대로 모든 것들이 이상적으로 추진된다면 저렴하게 주택을 얻을 수 있는 좋은 제도다. 하지만 앞서 언급한 위험요인들로 인해 이상적으로 추진되기는 굉장히 어려운 것이 현실이고, 이 같은 현실을 악용하는 사례가 점점 늘고

있다. 저렴해 보이는 지역주택조합을 섣불리 선택하기보다는
안정적인 일반분양 아파트를 선택하는 것이 바람직하다.

summary

지역주택조합 아파트는 소비자들이 주체가 되어 대량구매를 통해 큰 폭의 할인을 받는 공동구매와 비슷해 보일 수도 있다. 지역주택조합 아파트는 공동구매를 넘어 공동생산을 추구하는 것이다. 그래서 더 저렴할 수 있지만, 생산 전문가가 아니기에 품질을 담보할 수는 없다. 오히려 시행착오로 인해 비용과 시간이 추가되는 사례가 대부분이기 때문에 투자 대상에서 제외하는 편이 낫다.

4장

급매물은 왜
급매물이 되었을까?

YG엔터테인먼트 양현석 대표는 빅뱅, 위너, 아이콘, 블랙핑크 등 수많은 케이팝 스타를 키워낸 사람으로 유명하다. 케이팝 스타를 키워내는 기획자로 성공한 그에게는 또 다른 성공스토리가 있다. 이미 짐작하셨겠지만, 부동산투자자로서의 양현석 대표다.

양현석 대표는 홍대 인근에 다수의 빌딩을 보유한 성공한 부동산투자자다. YG엔터테인먼트 창업 초기부터 홍대 주변 공인중개사 사무실에 무작정 들어가 매물이 있는지 물어보는 행동을 무려 7년 동안이나 계속했다. 공인중개사와 점심도 같이 먹고 친해지면서 부동산에 눈뜨게 됐다고 한다. 물론 개인적으로도 많은 공부를 했고, 풍부한 자본의 도움도 있었겠지만, 그가 부동산투자로 성공할 수 있었던 가장 큰 배경은 믿을 만한 공인중개사가 있었기 때문이다.

공인중개사들은 급매물로 좋은 부동산이 나오면 시장에 내놓기보다는 직접 거래하는 것을 선호한다. 만약 매입할 자금이 부족하다면 공인중개사가 직접 투자자를 모집하고, 여의치 않을 경우 친인척, 친구 등에게 투자를 권한다. 이마저도 불가능할 때 비로소 일반 투자자들에게 순서가 돌아온다. 공인중개사들과 친해지면 수익이 뻔히 보이는 좋은 급매물을 소개받는 순서를 앞당길 수 있고, 결국 성공적인 투자에 한 걸음 다가서는 것이다.

보통 급매물은 빠른 매매를 위해 시세보다 저렴한 가격에 내놓은 물건을 말한다. 그런데 저렴하게 내놓아도 팔리지 않는 물건이 있다. 만약 이 물건을 매입한 후 다시 팔 때 제값을 받지 못하면 이윤이 발생하지 않는다. 이를 통상적으로 '투자 실패'라고 부른다.

투자의 기준은 구입금액이 아니라 '판매금액'이다. 공인중개사가 왜 나에게 급매물을 알려줬을까? 팔리지 않아서 싸게 내놓은 물건은 아닐까? 시세보다 저렴하다고 덥석 물지 말고, 많은 사람의 선택을 받지 못하고 왜 나에게까지 기회가 왔는지,

하자가 있는 물건은 아닌지 신중하게 검토해야 한다.

미끼를 물다

사례

서울 소재의 중견기업 취업에 성공한 A군은 회사 근처에 방을 얻기 위해 평소 광고에서 자주 접한 부동산중개 애플리케이션을 사용했다. 회사 근처 집들은 평균적으로 보증금 1,000만 원 이상이었는데, 신축건물에 보증금 500만 원짜리를 발견하고 부리나케 해당 부동산중개업소를 찾았다. 하지만 공인중개사는 오늘 아침에 방이 나갔다며 다른 방을 보여주겠다고 했고, 결국 A군은 보증금 1,000만 원이 넘는 원룸을 계약하게 되었다.

스마트폰을 통한 매물 검색이 일반화되면서 원룸이나 오피스텔을 찾는 청년층을 타깃으로 한 애플리케이션이 쏟아지고 있다. 부동산 애플리케이션은 지하철역과의 거리, 교통편, 가격 등과 같은 다양한 기준으로 매물을 검색하고 실시간으로 보여준다. 이런 장점으로 최근 지속적으로 증가하고 있는 청년 1인

가구의 요구에 적극적으로 부응하면서 2014년 12월 3.4%에 머물렀던 점유율이 18개월 만에 21.6%로 급증했고, '내 손 안의 복덕방'이라는 별명을 갖게 되었다.

　중고차와 부동산 매매의 공통점은 좋은 매물을 찾기 어렵다는 것이다. 요즘 공인중개사들은 사무실에 마냥 앉아 손님을 기다리지 않는다. 인터넷과 애플리케이션을 이용해 적극적으로 매물을 홍보하고 고객을 유인한다. 경쟁이 치열해지면서 어떻게든 사무실을 방문하게 만들기 위한 수많은 유혹의 기술이 난무한다.

　이러한 기술이 마치 공인중개사들의 노하우처럼 받아들여지는 것이 문제다. 앞선 사례처럼, 있지도 않은 매물을 시세보다 싸게 등록해두고 고객이 애플리케이션을 보고 문의하면 일단 방을 보러 오라고 한 후 그 매물이 방금 나갔다며 은근슬쩍 다른 매물을 권하는 방식이 대표적이다. 대부분의 소비자들은 '기왕 온 김에' 추천하는 매물을 둘러보고 계약을 하기 때문이다.

이미지 2. 부동산 애플리케이션은 누구를 위한 것일까?

(출처: 각 애플리케이션 캡쳐)

포토샵 등을 활용해 보정한 사진으로 매물을 속이는 경우도 많다. 작거나 볕이 잘 들지 않는 매물을 광각렌즈와 포토샵 등을 사용해 깨끗하고 넓은 집으로 '보이게' 만드는 것이다.

부동산 애플리케이션 허위매물은 얼마나 될까? 인터넷자율정책기구KISO에 따르면 2015년 접수된 부동산 허위매물 신고건수는 2만 7,416건으로, 2014년 9,400건에 비해 약 200% 급증한 것으로 나타났다. '안심 시스템', '허위매물 방지 시스템', '헛걸음 보상제' 등을 구축해 허위매물과의 전쟁을 선포하고 있지만 소비자들의 신고에 의존하고 있어 근본적인 해결책은 아니라는 평가다.

핵심은 부동산 애플리케이션의 실제 고객은 방을 구하는 고객이 아니라 광고비를 지급하는 공인중개사라는 점이다. 자신들의 실제 고객인 공인중개사들에게 애플리케이션업체가 강력한 패널티를 부과할 수 있을까? 강력한 패널티가 가능하더라도 살기 위해 발버둥치고 있는 공인중개사들의 필사적인 몸

부림을 제어할 수 있을까? 부동산 애플리케이션이 사람들에게 편리한 도구를 제공하는 것이 아니라 일부 악덕 공인중개사들에게 무기를 제공하는 것은 아닌지 생각해봐야 한다.

summary

시장에서는 급매물이라는 탈을 쓴 물건들이 넘쳐난다. 하지만 좋은 급매물은 나에게 올 때까지 남아 있지 않다. 차라리 '좋은 급매물이 왜 나에게 왔을까?' 하고 색안경을 쓰고 살펴보는 편이 마음도 편하고, 내 돈도 지킬 수 있는 방법이다.

5장

재건축투자는
언제나 유망할까?

부동산 투자처 중 가장 수익률이 높은 상품은 무엇일까? 여러 의견이 있을 수 있지만, 재건축 아파트를 빼놓을 수는 없을 것이다. 예를 들어 대표적인 재개발 단지인 개포 주공 아파트는 분양가가 발표될 때마다 매번 최고가를 갱신하고 있다.

재건축투자는 대지지분 확인이 핵심이다. 재건축에 들어가면 현재 아파트는 철거하기 때문에 가치가 없어진다. 결국 땅만 남는 것이다. 재건축 단지 부지에 대한 권리를 해당 주택이 얼마나 갖고 있는지 알려주는 것이 대지지분이다.

예를 들어보자. 같은 면적의 재건축 단지에 기존 아파트가 A단지는 5층, B단지는 15층이라 치자. 같은 면적에 같은 용적률로 재건축이 되면 세대수가 적은, 즉 대지지분이 많은 A단지는 B단지보다 더 넓은 평형을 제공받고, 더 적은 추가 부담금을 내게 되는 것이다. 결국 투자의 수익률이 여기서 정해진다.

이러한 메리트가 집약된 대표적인 재건축 단지가 개포 주공과 반포 주공 1단지다. 하지만 개발계획이 지속적으로 바뀌기도 하고, 개발에 따른 변수들이 여전히 산적해 있기 때문에 뛰어난 입지여건에도 불구하고 다른 지역과 마찬가지로 여전히 리스크가 높다.

재건축을 추진하는 노후 아파트 대부분은 주차장이 지상에만 있고, 그마저도 태부족이다. 게다가 섀시도 구형이라 단열이 잘되지 않고 방도 좁다. 놀이터도 예전 그대로 방치돼 있어 흉물로 전락한 지 오래다. 환경이 이렇다보니 세입자 비율이 높아 재건축사업 추진도 지지부진하다.

이러한 상황에서 주목받고 있는 것이 리모델링사업이다. 공사기간도 짧고, 재건축에 비해 상대적으로 개발부담금이 적기 때문이다. 게다가 재건축 안전진단은 준공 시점으로부터 40년 이상 지나야 신청이 가능한데, 공동주택 리모델링은 기준 기간이 짧다. 또한 안전진단 요건도 완화되면서 주거 전용면적의 10분의 3 이내에서 증축도 가능하기 때문에 용적률이 높아 재건축사업이 어려운 아파트 단지의 현실적인 대안으로 떠오르고 있다.

이미지 3-1. 개포 주공 1단지 조감도

이미지 3-2. 반포 주공 1단지 조감도

(출처: 서울시(위), 현대건설(아래))

표 1. 재건축과 리모델링 비교

구분	재건축	리모델링
관련법	도시 및 주거환경 정비법	주택법
목적	노후 불량 건축물 지역의 주거환경 개선	건물의 노후화 억제 및 기능 향상
지정 요건	준공 후 20년(시도조례가 20년 이상으로 정하는)이 경과되어 재건축으로 효용 증가가 예상되는 지역 - 건물이 훼손, 일부 멸실되어 안전사고의 우려가 있는 주택 - 재건축이 불가피하다고 시장 등이 인정하는 주택	사용검사를 받은 후 15년 이상 기간이 경과된 공동주택을 동 또는 주택 단지 단위로 리모델링(증축의 경우는 20년 이상 경과된 공동주택) - 동 또는 단지 전체 소유자의 동의를 얻은 후, 구조안정에 지장이 없다고 시장 등이 인정하는 때
시행주체	재건축조합	리모델링 주택조합
사업방식	철거 후 신축	증축, 대수선 등 기능 향상
사업계획	사업시행계획인가	행위허가
시행 절차	기본계획→구역지정(정비계획 수립)→추진위원회(안정진단)→조합 설립→시공사 선정→사업 시행인가→관리처분계획→착공	소유자 2/3 이상 동의→건축심의 →조합설립인가→행위허가신청→구조안정 확인→이주 및 착공→사용검사→입주→조합해산인가
용적률	법적 상한 용적률 완화 완화된 용적률의 50% 보금자리주택 건축	건축 기준 적용 및 규제 완화 (용적률, 건폐율, 건축선, 대지안 조경, 공개공지 확보, 높이 제한, 일조권 등)
사업비	총 공사비에서 일반분양 수익을 제외한 나머지 조합원 안분	전액 조합원 부담

표 2. 재건축 리모델링 장단점 비교

구분	재건축	리모델링
장점	기존의 조합원은 로열층에 배정 새 건물로 건축되며 건물 자체를 현대적인 디자인으로 만들 수 있고, 대규모로 재건축될 시 편의 시설, 상권까지 같이 개발 가능	1-2년의 짧은 공사 기간 평당 300만 원 선의 적은 개발부담금 재건축에 비해 단순한 절차 전용면적 기준 30%까지 증축 가능
장점	재건축 연한이 길고 절차가 까다로움. 용적률 규제, 개발이익 환수, 임대수익 의무비율 등으로 수익을 내기 어려움	골조가 남아 있어 현대적인 건물로 재탄생하는 것은 불가능

하지만 리모델링은 본질적인 문제를 해결해주지는 못한다. 동 간 거리가 좁아 지하주차장을 만들기도 어렵고, 새 아파트와 노후 아파트의 시세 차이가 크지 않기 때문에 가격 상승 전망 또한 불투명하다.

특히 69제곱미터 이하의 소형 평형은 매매 가격 자체가 낮기 때문에 리모델링 투자비용 이상의 이익을 얻기 힘들다. 게다가 사업을 통해 늘어나는 세대수가 적기 때문에 소형 평형 단지에서는 거의 추진되지 않고, 토지 가격이 높아 리모델링 이후 시세 차이가 크게 발생할 수 있는 강남과 송파, 서초 등의 대형 평형 단지에서 주로 이뤄지고 있다.

재건축 역시 강남 일부의 5층 이하 저층 단지에서만 수익을 기대할 수 있다. 뉴스에 나오는 재건축 대상 아파트는 을씨년스러운 단지 풍광에도 불구하고 4,000~5,000만 원의 평당 분양 가격과 10~15억 원의 아파트 가격을 자랑한다. 이러한 상황인데도 과연 투자수익이 발생할 수 있을까?

수익의 한계

재건축, 재개발, 리모델링과 같은 정비사업이 추진될 때 사람들이 가장 궁금해 하는 것이 바로 '시점'이다. 정비사업 추진 시점에 맞춰 투자를 하든 이사를 하든 해야 하는데, 야속하게도 추진 일정은 매번 변경된다.

재건축 연한이 됐다고 무조건 재건축이 되는 것도 아니다. 연한과 안전진단은 별개의 문제다. 건축물의 노후화 정도와 안전도 등을 진단받고 건축물의 안전에 위험이 초래될 경우에 한해 재건축이 가능하기 때문이다. 만약 안전에 이상이 없다면? 재건축은 남의 이야기가 된다. 또한 연한은 재건축 절차를 밟을 수 있다는 기준일 뿐, 예비 안전진단과 정밀 안전진단 모두를 통과해야 재건축을 할 수 있다. 이러한 안전진단을 통과한 아파트는 재건축 대상 아파트의 10%도 되지 않는다.

문제는 재건축 연한이 지났다고 당연히 재건축이 될 것처럼 확대해석하며 시세를 올리는 경우다. 1979년 건축된 대치동 은마 아파트의 경우 서울시조례에 따르면 재건축 연한이 분명 지났지만 논의만 계속됐을 뿐 계획조차 구체화되지 못하고 있다.

공동주택 리모델링사업 역시 지지부진하기는 마찬가지다. 주택시장이 불황인 상황에서 집값이 오를 가능성도 낮은데 굳이 비용을 들여 집을 고치겠는가? 비용만큼 가치가 올라야 하는데 리모델링사업의 목적이 자산 가치 증식이 아니라 주거환경 개선인 만큼 수익 발생은 요원하다.

서울 아파트 단지의 재건축사업과 리모델링사업을 비교해보자. 재건축사업의 경우 현재 148제곱미터, 181제곱미터 소유자는 99제곱미터 1채와 소형 아파트 1채를 받을 수 있다. 하지만 리모델링사업의 경우 소유한 아파트보다 평형이 조금 커질 뿐 2채를 받지는 못한다. 두 사업 모두 주민들이 직접 조합을 결성해 진행해야 하는데, 대형 평형 소유자들이 실질적인 이득이 적은 리모델링사업을 선택할 이유가 있을까? 또한 기존 아파트를 기준으로 면적을 증가시키기 때문에 소형 평형이나 복도식으로 구성된 단지에서만 실익이 발생하는 등 수익의 한계는 분명하다.

특히 수직 증축 리모델링은 한계가 명확하다. 당장 재건축을 추진하기 어려운 1기 신도시의 경우 소형 평형 아파트를 중심으로 리모델링사업을 고려하고 있지만 한계가 분명하기 때문에 연한을 채워 재건축을 추진하자는 의견이 더욱 많은 게 현실이다.

투자를 고려할 때 단순히 추진 단계나 일정만을 염두에 둔다면 큰 어려움에 처할 수 있다. 주민 동의가 필요한 사업의 경우 의견이 같은 방향으로 모아져야 사업이 추진될 수 있다. 뿐만 아니라, 개인별로 부담 가능한 비용도 다르고 거주자와 투자자가 처한 상황도 제각각이기 때문에 사업을 바라보는 입장도 다르다.

개포 주공 2단지 래미안 블레스티지는 총 1,957가구 규모인데, 이 중 396가구가 일반분양됐다. 인기 있는 평형의 로열층은 3.3제곱미터 당 분양가가 4,000만 원을 넘어서면서 관심이

그래프 7. 리모델링 대비 수직 증축 비용절감효과

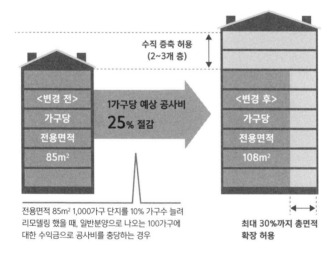

수직 증축 허용
(2~3개 층)

<변경 전>
가구당
전용면적
85m²

1가구당 예상 공사비
25% 절감

<변경 후>
가구당
전용면적
108m²

전용면적 85m² 1,000가구 단지를 10% 가구수 늘려
리모델링 했을 때, 일반분양으로 나오는 100가구에
대한 수익금으로 공사비를 충당하는 경우

최대 30%까지 총면적
확장 허용

급반등했고, 재건축투자의 뜨거운 감자가 됐다.

현대건설의 새로운 아파트 브랜드인 THE H를 처음으로 적용한 개포 주공 3단지는 3.3제곱미터당 평균 분양가 4,130만 원을 기록하면서 고분양가 논란에 휩싸였지만 분양은 대성공이었다.

하지만 투자수익률을 따져보면 이야기가 조금 다르다. 결론부터 말하면 10년 이상의 추진 기간을 고려하면 실익은 없다고 봐야 한다. 개포 주공 아파트는 강남의 대표적인 재건축 단지다. 1982년 입주를 시작한 1단지는 5,040세대, 4단지는 2,840세대 규모의 대단지다. 이들의 실거래가를 분석해보면 10년간 큰 변동이 없다가 최근 1년 사이 급등하면서 투자수익률이 높게 나타났다. 즉, 1년 전에 투자를 했다면 수익률이 높았겠지만, 오랫동안 보유하고 있던 투자자들의 투자수익률은 물가상승률보다 조금 높은 수준일 뿐이다.

2016년 국토교통부 실거래 가격과 비교해보면 개포 1단지는 1억 2,000만 원(전용면적 45.26제곱미터)에서 3억 1,000만 원(61.57제곱미터)까지 가격이 올랐으며, 개포 4단지 역시 1억 3,000만 원(50.67제곱미터)에서 2억 2,500만 원(35.64제곱미터)까지 가격이 상승했다. 10년 전 가격과 비교해보면 어떨까? 2016년 개포 1단지 전용면적 56.57제곱미터는 12억 3,000만 원에 거래됐는데, 2006년 11월에는 1억 2,000만 원 높은 13억 5,000만 원에 거래됐다. 개포 4단지는 전용면적 50.39제곱미터가 2016년에 10억 원에 거래됐는데 2006년에는 12억 원에 매매됐다. 거래가 기준으로 10년 수익률은 −16.8%인 것이다. 최악의 경우를 상정한 것이지만 10년간 물가상승률(27%)을 고려하면 실제 투자 손실은 훨씬 더 커진다.

2006년 개포 지역 부동산 가격은 전국적인 부동산 폭등의 여파로 무섭게 치솟았다. 하지만 2년 뒤 글로벌 금융위기, 정부의 재건축 규제 정책 등의 영향으로 투자심리가 위축됐고, 그 영향은 2010년까지 계속됐다. 만약 금융위기 직전에 해당

표 3. 개포 주공 재건축 단지 거래 가격 분석

구분	전용면적 (㎡)	2016년 최고가		1년 전 거래가		2006년 최고가 (10년 물가상승률 27% 반영)
		가격	10년 수익률	가격	1년 수익률	
1 단 지	35.44	7.6억 원 (2016.4)	58.3%	6.1억 원 (2015.4)	24.6%	4.8억 원 (6.096억 원)
	35.64	8.45억 원 (2016.6)	34.1%	6.35억 원 (2015.5)	33.1%	6.3억 원 (8.001억 원)
	35.87	8.25억 원 (2016.5)	37.5%	6.35억 원 (2015.6)	29.9%	6억 원 (7.62억 원)
	41.98	9.7억 원 (2016.6)	23.6%	7.4억 원 (2015.6)	31.1%	7.85억 원 (11.43억 원)
	42.55	9.27억 원 (2016.6)	15.9%	7.4억 원 (2015.6)	25.3%	8억 원 (11.77억 원)
	45.26	8.5억 원 (2016.4)	18.1%	7.3억 원 (2015.7)	16.4%	7.2억 원 (9.14억 원)
	49.56	11.3억 원 (2016.5)	16.5%	8.95억 원 (2015.6)	26.3%	9.7억 원 (12.3억 원)
	50.38	10.66억 원 (2016.6)	12.2%	8.55억 원 (2015.5)	24.7%	9.5억 원 (12.07억 원)
	50.64	11억 원 (2016.6)	15.2%	8.6억 원 (2015.6)	27.9%	9.55억 원 (12.13억 원)
	53.63	12억 원 (2016.6)	9.1%	9.3억 원 (2015.7)	29.0%	11억 원 (13.97억 원)
	56.57	12.3억 원 (2016.5)	-8.9%	10억 원 (2015.6)	23.0%	13.5억 원 (17.15억 원)
	58.08	12.5억 원 (2016.4)	-10.7%	9.9억 원 (2015.6)	26.3%	14억 원 (17.78억 원)
	61.57	13.6억 원 (2016.2)	-9.3%	10.5억 원 (2015.5)	29.5%	15억 원 (19.05억 원)
4 단 지	35.64	8.2억 원 (2016.5)	27.5%	6.05억 원 (2015.5)	35.5%	6.43억 원 (8.17억 원)
	35.87	7.8억 원 (2016.4)	20.9%	6.4억 원 (2015.6)	21.9%	6.45억 원 (8.19억 원)
	41.99	9.3억 원 (2016.6)	14.8%	7.27억 원 (2015.6)	27.9%	8.1억 원 (10.29억 원)
	42.55	8.9억 원 (2016.6)	9.9%	7.3억 원 (2015.6)	21.9%	8.1억 원 (10.29억 원)
	50.39	9.98억 원 (2016.6)	-16.8%	8.2억 원 (2015.5)	21.7%	12억 원 (15.24억 원)
	50.67	10억 원 (2016.6)	-13.0%	8.68억 원 (2015.6)	15.2%	11.5억 원 (14.6억 원)

지역에 투자했다면 최대 4억까지 떨어진 가격에 엄청난 스트레스를 받았을 것이다. 10년 전에 투자한 대부분의 투자자들은 10년 동안 마음고생만 하다가 2015년 폭등한 집값으로 겨우 본전을 찾은 수준이다. 실제로 급등기에 이 지역에 투자한 투자자 중에는 억대의 손해를 본 사람도 있다. 하지만 1년 전 개포 재건축에 투자한 투자자는 상당한 시세차익을 남겼다.

분명 이 지역은 실제 거주자에게는 상당히 매력적인 곳이다. 하지만 투자자라면 이곳이 시장환경에 가장 민감하게 반응하는 곳이라는 사실을 기억해야 한다. 재건축 등 정비사업에 투자할 때는 단순 수익이 아니라 투자 기간, 즉 연간수익률이 검토의 기준이 돼야 한다. 투자 기간이 고려되지 않은 단순 투자수익률은 선택의 기준이 될 수 없다.

summary

재건축투자의 수익률은 정부의 정책 변화에 민감하게 반응한다. 또한 재건축 부동산은 대체로 거주여건이 좋지 않기 때문에 임대료와 차이가 많아 투자금액이 높다. 그렇기 때문에 단기투자가 아니라 입주 시점까지 고려한 장기투자로 고려되어야 한다.

6장

나도 부동산 부자들처럼
성공할 수 있을까?

흔히들 부자를 따라하는 것이 부자가 되는 지름길이라 말한다. 이를 반영하듯 서점에는 《나는 OO으로 OOO억 벌었다》, 《OOO억 버는 방법》, 《OO 부자들》 같은 제목의 책을 쉽게 접할 수 있다. 부자가 되고 싶은 욕망에 투자자들은 부자들의 투자법을 따라 투자를 한다.

그런데 자신만의 투자철학, 안목 등 투자능력이 없는 사람이 그저 부자들을 따라한다고 부자가 될 수 있을까? 어떤 종목, 어떤 물건에 투자하느냐도 중요하지만, 투자수익은 결국 언제 사서 언제 어떻게 파느냐가 핵심이다. 당신이 부자를 따라 투자하는 대상은 이미 부자들이 추수를 끝내고 돌아간 빈 들판일 수도 있다.

부자 아빠 신드롬을 일으킨 로버트 기요사키의 이야기를 들어보자. 그는 투자할만한 부동산을 추천해달라는 친구의 부탁에 외곽의 허름한 집 1채를 추천했다. 친구는 기요사키의 말만 듣고 서둘러 그 집을 구매했는데, 막상 집의 모양새를 보니 아무래도 확신이 들지 않았다. 고민을 계속한 친구는 결국 계약금까지 포기하고 계약을 취소하고 만다. 그 부동산은 어떻게 됐을까? 2년 후 어마어마하게 비싼 가격으로 투자업체에 팔렸다.

부자가 아무리 좋은 투자 대상을 추천해도, 판단은 전적으로 본인의 몫이다. 그리고 부자들이 고급 정보와 판단 기준을 모두 공유한다고 믿을 수도 없다. 기요사키는 친한 친구의 부탁으로 해당 부동산을 추천했지만, 과연 기요사키가 좋은 투자 대상을 책에다 추천하거나 웹사이트에 공개했을까? 아무리 좋은 투자 대상도 일말의 리스크가 존재하기 때문에 여간 친한 사람이 아니라면 쉽게 추천하지 못했을 것이다.

부자가 투자한 종목이나 물건을 따라서 투자하는 것은 가능하다. 그런데 당신의 조건과 부자의 조건까지 똑같을 수 있을까? 모두에게 공개된 정보로는 높은 수익을 올릴 수 없다. 수익은 제로섬 게임이라 누군가 이익을 보면 손실을 보는 사람이 반드시 생기게 마련이다.

부자가 되고 싶으면 부자를 따라하면 된다. 이 명제는 틀리지 않았다. 그런데 왜 사람들은 부자가 되지 못할까? 왜 중도에 포기하거나 원래의 자기 방식으로 돌아갈까? 투자는 결국자기 자신과의 싸움이다. 그런데 자신만의 투자철학과 판단 기준이 없다면 욕망과 조바심, 불안감을 이길 수 없고, 기다리면수익을 올릴 수 있다는 확신도 없기 때문에 부자처럼 기다릴수도 없다. 또한 시시각각 변화하는 시장에 주관을 가지고 대응할 수 없기 때문에 손해를 보기 마련이다.

그때는 맞고 지금은 틀린 방법들이 얼마나 많은가? 무작정부자들의 방법을 따르는 것은 업데이트를 한 번도 하지 않은오래된 내비게이션만 믿고 초행길에 나서는 것과 마찬가지다.옆에 새로 뚫린 고속도로를 두고 먼 길을 돌아가도 괜찮다면말리지는 않겠다.

투자에서 가장 어려운 것

투자를 할 때 가장 어려운 점은 지속적으로 수익을 내는 것이다. 몇 차례 수익을 냈다고 하더라도 지속적인 수익을 창출하지 못한다면 투자자에게 오히려 독으로 작용할 수 있다. 하지만 자신만의 원칙을 가진 사람은 독을 이겨내고 결국 수익을 올릴 수 있다.

투자를 하지 않을 때는 원칙들이 뻔히 보인다. 하지만 막상 직접 투자에 나서게 되면 욕심과 초조함, 조바심이 원칙을 무너뜨린다. 무너진 원칙으로 인해 작은 손실은 더 큰 손실로 이어진다.

부자들의 투자원칙을 아는 것과 실전에서 나만의 원칙을 적용하는 것은 완전히 다르다. 책에서 배운 부자들의 원칙은 아직 당신의 것이 아니다. 우연한 수익을 지속적 수익으로 바꾸는 첫 번째 조건은 경험을 통해 그 원칙을 완전히 내 것으로 만드는 것이다. 나만의 원칙은 '부동산은 언젠가는 오른다',

'재건축이 최고다', '소형 수익형 부동산이 떠오른다' 등 당신을 유혹하는 주변의 말에 흔들리지 않고 투자할 수 있도록 만들어준다.

숲을 먼저 보고 나무를 보라

"나무를 보지 말고 숲을 보라." 작은 일에 집착하지 말고 시야를 넓히라는 의미다. 하지만 자신이 처한 상황에 따라 나무를 보던지 숲을 보던지 해야 한다. 숲만 본다면 이 숲의 나무가 무슨 나무인지, 벌레는 있는지 없는지, 버섯은 달려 있는지 도저히 알 수 없다.

숲의 형태를 파악하는 것이 먼저다. 하지만 숲의 나무가 어떤 상태인지 확인하는 일을 함께 수행해야 한다. 보통 산을 오를 때 발끝만 보다 아름다운 경치를 놓치곤 한다. 하산할 때에야 비로소 여유가 생기고, 천천히 주변의 경치를 보며 그 산의 모습을 깨닫는 경우가 많다.

하루 종일 모니터를 들여다보는 주식투자자들도 주가의 갑작스러운 등락에 감정적으로 판단해 거래하다가 후회하기도 한다. 나무만 보고 숲을 보지 못한 것이다. 마트에 가서도 지나가다 맛있는 냄새가 나면 시식해보고 계획에 없는 소비를 하기도 한다. 이게 다 감정적 판단 때문이다.

부동산도 마찬가지다. 평범한 개인이 시장의 변화에 반응하지 않고 꿋꿋하게 버텨낼 재간이 있을까? 무엇보다 기준을 만드는 것이 필요하다. 판단 기준이 없다면 숲을 봐도 전체적인 형태를 파악하기 힘들다. 숲을 먼저 보고 방향을 수립한 후 개별적인 나무의 형태를 보며 시장에 대응해야 한다.

summary

단기간에 수익을 창출하기보다는 잃지 않는 법을 먼저 배워야 한다. 소문 (소위 남들이 이야기해준 정보)에 의한 투자가 아닌 나만의 투자 판단 기준이 있어야 오랫동안 흔들리지 않고 기다릴 수 있다.

7장

어떤 개발계획이
호재일까?

부동산투자 불변의 법칙들이 사라지고 있다. '강남불패', '개발 호재'라는 투자공식은 부동산 경기가 침체되면서 설득력을 잃었다. '교통 호재'도 마찬가지다. 분당, 판교 등 블루칩 지역이 집값 상승을 이끌면 주변 지역이 따라가는 동조화 현상도 사라졌고, 전세 가격이 급등하면 전세 수요가 매매 수요로 전환된다는 상식도 통용되지 않고 있다. 부동산투자 1순위였던 재건축 아파트 역시 더 이상 안전자산이 아니다.

시세차익에 대한 기대감이 줄고 실수요자 중심으로 시장이 재편되면서 투자 수요를 바탕으로 한 투자공식들이 현실과 맞지 않게 되는 경우가 많아졌다. 게다가 가계, 기업, 정부의 부채가 급격하게 증가하면서 투자 위험성도 함께 늘어났다. 저금리 상황에서는 희망의 끈을 놓지 않아도 괜찮았겠지만, 미국발 금리인상이 우리나라에 영향을 미치는 순간, 누구도 예측하지 못한 상황들이 발생할 것이다.

반복되는 거짓말들

선거가 다가오면 후보들은 경쟁적으로 지역발전을 위한 개발공약을 제시한다. 그 많은 공약들은 얼마나 실행될까? 18대 국회의원 총선 공약이행률을 들여다보자. 후보들이 제시한 4,516개 공약의 이행률은 고작 35.16%에 그쳤다. 20대 총선에서도 273개 지역구 707명의 후보자들 중 60%에 가까운 409명의 후보자가 개발공약을 내세웠다. 이들이 제시한 공약은 총 1,110개로, 철도, 전철의 신설 및 연장과 역사 유치가 596개(53.7%)로 최다였다. 도로 신설 및 연장 공약이 362개(32.6%), 경전철 설치 68개(6.1%), 신공항 건설 28개(2.5%) 순으로 개발공약이 이어졌다. 이들 공약의 이행률도 18대 국회와 별반 다르지 않을 것이다.

지역개발계획 중 가장 큰 이슈는 동남권 신공항이었다. 가덕도와 밀양의 신공항 예정 지역 주변의 부동산 가격은 하루가 다르게 변화했다. 2007년 당시 이명박 후보는 동남권 신공항

이미지 4. 동남권 신공항 조감도

(출처: 밀양시(위), 부산시(아래))

을 공약으로 내걸고 영남권의 압도적 지지를 받아 대통령에 당선됐다. 하지만 타당성 검토 결과 동남권 신공항의 경제적 이득은 전무했고, 결국 신공항은 백지화됐다.

이명박 대통령이 신공항 백지화를 선언한 이후 박근혜 당시 후보는 국민과의 약속을 어긴 데 유감을 표하며 동남권 신공항을 선거공약으로 다시 추진했다. 하지만 어김없이 공약을 실천하지 못했다.

2007년 3.3제곱미터 당 3~5만 원이던 가덕도의 토지 가격은 신공항 이슈로 2010년 15만 원 선까지 올랐다가 공항 건설이 백지화되면서 10만 원 선으로 떨어졌다. 그러다 2012년 대선공약으로 신공항 건설이 다시 검토되면서 2016년 초 23만 원 선까지 폭등했다. 최종적으로 신공항 건설이 무산되자 손해를 본 사람들은 대부분 외지인 투자자였다.

역대 대통령의 핵심공약이행률을 살펴보자. 김대중 정부에서 적극 추진한 공약의 이행률은 18.2%였다. 노무현 정부는

150대 핵심과제를 설정해 이 중 12개(8%)를 이행했고, 53개 (35.3%) 과제에서 양호한 성과를 올렸다. 하지만 불이행 과제가 23개(15.3%)였고, 63개(41.3%) 과제가 낙제점을 받았다. 이명박 정부는 100대 국정과제를 설정해 39%의 이행률을 보였고, 박근혜 정부는 20분야 674개의 세부공약을 설정했는데, 경실련 조사 결과 249개(37%)를 이행했고, 239개 공약을 부분적으로 이행했다. 미이행 공약도 182개(27%)에 달했다.

이렇듯 공약이행률이 높지 않은 상황에서 공약과 이슈만을 믿고 투자했다가는 낭패를 당하기 십상이다. 공약에 발 빠르게 대처하기보다는 수익의 기준을 낮추고 한 번 더 검토할 필요가 있다.

정책의 방향성 부재

경제 활성화를 위해 박근혜 정부가 선택한 첫 번째 정책은 부동산 규제 완화였다. 부동산시장을 활성화하기 위해 2~3년간 기준금리를 인하하고, 다주택자에 대한 양도세 중과세를 폐지했으며, LTV(주택담보대출비율)와 DTI(총부채상환비율)를 완화했다. 여기에 분양가 상한제 탄력 적용까지 더해지자 시장은 활성화를 넘어 과열양상으로 번졌다.

과열된 부동산시장을 억제하기 위해 정부는 대출 규제를 꺼내들었다. 빚을 내서라도 집을 사라던 정부가 하루아침에 돌변한 것이다. 금리인상이나 미분양이 부동산시장에 미치는 영향도 크지만, 시장 구조 자체가 비정상적인 상황에서는 대출 자체를 규제하는 것만큼 즉각적이고 파급효과가 큰 정책은 없다.

문제는 부동산시장이 과열됐다는 이야기가 나올 때마다 정부가 아무 문제없다는 말만 반복한다는 것이다. 1~2년 전에는 사라고 부추겨놓고, 이제 알뜰하게 돈을 모아 집을 사려 하니 못 사게 막는다. 그동안 시행해온 부양책과는 완전히 상반된 정책은 어떤 방향성도 제시해주지 못하고 있다. 이는 비단 박근혜 정부만의 문제가 아니다.

활성화와 규제를 손바닥 뒤집듯 쉽게 바꾸는 정부의 정책을 언제까지 믿어야 하는 걸까? 정부의 일관성 없는 정책은 혼란만 가중시키고, 결국 피해를 보는 것은 뒤늦게 참여한 일반 수요자들이다.

급격히 늘어난 가계부채와 금융 안정성을 관리하기 위한 정책은 필요하다. 이런 측면에서 LTV와 DTI는 반드시 필요한 정책이며, 매우 효율적인 정책이다. 부동산의 담보인정비율이 너무 높으면 부동산시장 침체 시, 즉 담보 가치가 떨어졌을 때 돈을 빌려준 금융권의 부실을 야기할 수 있다. 또한 연체가 일어날 경우 담보를 처분해 원리금을 회수하는 데도 어려움이 따른다.

하지만 이러한 정책이 단순히 부동산 경기 활성화 또는 억제 도구로만 활용된다면 경제의 근간이 흔들리는 결과를 초래한다. 무엇보다 적정한 부동산 거래량을 정책을 통해 관리할 수 있다는 믿음에는 문제가 있다. 다른 재화와 달리 부동산은 생산 기간이 매우 길기 때문이다. 2~3년 후 수요를 예측해서 공급하기란 불가능에 가까운 과제다.

가장 큰 문제는 정부의 부동산 정책이 국민들에게 방향성을 제시하지 못하고 있다는 것이다. 전문가들조차 4~5개월이 멀다하고 바뀌는 정책을 명확하게 인지하지 못하는데, 자산의 70%가 부동산에 물린 개인이 어떻게 부동산 정책에 시시때때로 대응할 수 있겠는가?

개발계획의 명과 암

개발계획 중단 소식은 더 이상 새로운 뉴스가 아니다. 대표적인 개발계획인 기업도시 정책을 살펴보자. 기업의 국내투자를 활성화하고 지역발전을 함께 도모하기 위해 전남 무안(산업교역형)과 충북 충주, 강원 원주(지식기반형), 충남 태안, 전남 영암과 해남, 전북 무주(관광레저형)에서 기업도시 개발이 추진됐는데, 무주와 무안은 사업계획이 전면 취소됐다. 나머지 지역의 상황도 지지부진하다.

개발 이후 관리도 문제다. 여수 엑스포 시설의 사후 관리 문제가 대표적이다. 여수 엑스포 조직위원회는 당초 엑스포의 경제적 효과를 3조 4,000억 원으로 예측했다. 이는 기존에 엑스포를 개최한 도시들이 예측한 10조 원보다 낮은 수치였다.

엑스포가 월드컵, 하계올림픽과 함께 세계 3대 축제로 자리 잡은 만큼 기반 시설 투자에 2조 1,590억 원을 투입하는 결정은 언뜻 합리적으로 보인다. 실제로 여수 부동산시장은 엑스포를 전후해 돈과 사람이 몰리면서 땅값은 물론 아파트 가격까지 가파른 상승세를 나타냈다.

하지만 엑스포가 지역 발전에 기여할 수 있느냐는 전혀 다른 문제다. 연도별 여수시 관광지 방문객 추이를 살펴보면 2012년 여수 엑스포 개최 전후로 급격한 변화를 보인다. 이러한 관광객 유입이 일회성으로 끝나지 않고 지속성을 가질 수 있도록 여수시에서도 엑스포 시설의 사후 활용 방안을 고민하고는 있지만 현실적인 한계가 있다. 행사 시설의 사후 활용 문제는 F1 역사상 최악의 대회로 남은 전남 영암과 동계올림픽을 성공적

그래프 8. 여수시 관광지 방문 추이

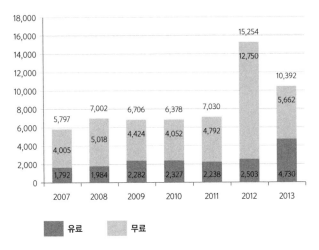

(출처: 2013 주요 관광지점 입장객 통계, 관광지식정보시스템)

으로 개최한 평창에게도 같은 숙제를 안겨줬다.

대단위 개발계획이 주변 부동산에 미치는 영향은 매우 크다. 그렇기 때문에 제대로 추진되느냐가 더욱 중요하다. 체계적으로 이뤄진 기업도시계획조차 어려움을 겪고 있는 게 현실이다. 계획대로 추진됐더라도 일회성 행사에 그치지 않고 지속성을 가지기 위해 운영 관리 방안까지 함께 고려해야 한다.

정부의 핑크빛 개발계획이 발표되면 투자자들은 경쟁하듯 부동산에 투자해왔다. 하지만 최근에는 추진 자체에 대한 확신도 주지 못하고 있다. 제대로 추진 중인 계획들도 일회성에 그치며 지속적인 성과를 내지 못하고 있다.

"개발이 호재다." 상식처럼 받아들여지는 이 말은 여전히 유효할까? 개발계획은 당장의 가격 상승을 가지고 올 수도 있다. 하지만 이는 언제 터질지 모르는 폭탄을 돌리는 것과 마찬가지라는 사실을 잊지 말자. 신중한 판단이 필요한 이유다.

summary

지역개발 정책은 화려한 포장지로 텅 비어 있는 속을 가린 경우가 많다.

실행되더라도 효과가 미미한 지역개발 정책을 맹신하고 투자할 것이 아니

라, 그 효과와 가치까지 고려할 수 있는 안목이 필요하다.

8장

레버리지는
어떻게 작동할까?

일반적으로 부동산은 안전자산으로 분류된다. 주식의 경우 휴지조각이 될 수 있지만 부동산은 땅은 남는다는 인식이 일반화돼 있기 때문이다. 채권을 비롯한 국채, 금, 엔화 등 전통적인 안전자산의 몸값은 고공행진을 지속해왔다. 2016년에는 '연준의 완화적 태도 변화Dovish FOMC'와 '브렉시트Brexit' 시점에 안전자산의 비중이 크게 증가했다.

저금리가 장기화되면서 상대적으로 위험도가 낮은 국공채에 대한 투자 비중이 증가하고 있으며, 국내 자산유동화증권ABS시장에도 주택금융공사가 발행하는 우량 MBS가 대세로 자리 잡았다. 부동산으로의 유동자금 유입이 증가하기도 했다. 투자할 곳을 찾지 못한 시중의 투자자금이 안전자산으로 몰리는 것이다.

하지만 미국이 금리인상을 단행했고, 지속적으로 인상이 예상되는 상황에서도 부동산은 여전히 안전자산일까? 현재의 금리 수준에서 안전자산은 정말 안전할까? 만약 안전하지 않다면 어떤 일이 발생할까?

투자에는 보통 리스크가 수반된다. 가장 중요한 리스크로 채무불이행Default과 변동성Volatility이 있는데, 안전자산은 이 두 리스크가 없거나 현저히 낮은 자산을 통칭한다. 지금의 안전자산 랠리의 기저에는 통화이완Easing에 대한 무한신뢰가 담겨 있다. 부채 문제, 금융위기, 브렉시트와 같은 구조적인 문제가 반복되고 심화되는 현재의 펀더멘탈 하에서는 저금리와 금융환경의 지속적 완화 외에는 방법이 없다는 믿음인 것이다.

거품은 투자자들의 확신에 의해 만들어진다. 튤립 버블이 대표적이다. '튤립은 언제나 돈이 된다'라는 확신은 인류 최초의 버블을 탄생시켰다. 만약 향후 10년 내 미국의 금리인상이나 경제 성장, 고용시장 회복이 실현된다면 현재의 금리 수준은 정당화되기 어렵다. 현재의 금리 수준은 '구조적인 불황과 지속적인 규제 완화에 대한 확신'이 훼손되는 순간 언제든 급변할 수 있다. 그리고 변화는 미국의 금리인상으로 이미 시작됐다.

레버리지의 역효과

레버리지효과는 부동산투자의 한 축인 전세 제도와 함께 많은 사람을 부동산 부자로 만들었다. 레버리지효과와 전세 제도를 극단적으로 이용한 부동산투자법이 최근 문제가 되고 있는 '갭투자'다. 레버리지란 자기자본과 대출을 통해 확보한 부채를 투자해 본래 자기자본만을 통해 얻을 기대이익보다 더 큰 수익을 올리는 것을 말한다. 또한 우리나라 부동산시장의 독특한 제도인 전세 제도는 레버리지효과를 극대화시킨다.

다음의 표를 살펴보자. 4억 원을 부동산에 투자한다면 2억 원가량의 아파트 2채 매입할 수 있다. 하지만 전세와 대출을 활용한다면 7채의 아파트를 매입할 수 있게 된다. 표에서 볼 수 있는 '1억 4,000만 원' 대출이 레버리지인데, 같은 1억 원을 가지고서 레버리지를 일으키면 6,300만 원의 추가이익을 획득할 수 있다.

레버리지가 정상적으로 작동해 추가수익을 창출하기 위해서

표 4. 단순 매입, 대출(레버리지) 매입, 전세 매입 비교(가격 상승)

구분	일반	레버리지	전세 매입	비고
자기자본	1억 원	1억 원	1억 원	
매입가	1억 원	2억 4,000만 원	2억 4,000만 원	아파트
대출/전세	–	1억 4,000만 원 (약 60%)	1억 4,000만 원 (약 60%)	
거주자	본인 거주	본인 거주	세입자 거주	
매도가	1억 5,000만 원	3억 6,000만 원	3억 6,000만 원	가격 50% 상승
금융비용	–	약 700만 원	–	연 5% 가정
순이익	5,000만 원	1억 1,300만 원	1억 2,000만 원	

는 전제조건이 있다. 바로 대출한 돈의 이자율보다 수익이 더 높아야 한다는 것이다. 대출받은 돈의 이자율이 연 10%인데 아파트 가격이 1년간 10% 이상 오르지 않는다면 결국 레버리지는 작동하지 않는다. 만약 이자율보다 가격 상승률이 낮다면 오히려 손해를 보게 된다.

"집값은 계속 오를 것이다." 대출을 통해 집을 구매하는 심리는 이렇다. 올라가지 않더라도 최소한 대출받은 돈은 집을 팔면 상환이 가능하다고 믿는다. 하지만 이런 전제가 망가지게 되면 어떻게 될까?

대표적인 사례는 2008년에 발생한 미국의 서브프라임 모기지 사태다. 비우량 주택담보대출인 서브프라임 모기지는 담보 가치의 일부만을 적용하는 일반적인 담보 대출과 달리 부동산 담보 가치의 100%에 육박하는 대출을 실행했다.

부동산시장이 좋고 금리가 낮은 시기에는 무리가 없었다. 하지만 2006년부터 금리가 인상되고 주택 가격이 하락하면서 연체자가 늘어났고, 금융기관이 대출금을 회수하기 어려워지면서 금융위기로 확대됐다. 경기가 침체되면서 부동산 거래가 줄어들자 겁에 질린 사람들은 자금을 회수하기 위해 헐값으로 부동산을 내놓았다. 하지만 부동산은 환금성이 매우 낮은 자산이다. 매매가 일어나지 않는 상태에서 자금을 회수하지 못한 금융기관이 파산하기 시작한 것이다.

저금리 정책은 개인과 기업이 대출을 통해 부동산과 주식 등의 자산에 대한 레버리지를 일으키는 데 큰 몫을 했다. 하지만 경기 침체가 모든 상황을 최악으로 만들었다. 부동산시장도 경기 침체의 여파를 피할 수 없었다. 침체된 부동산시장에서 리스크를 관리하기 위해서는 무조건 레버리지를 줄여야 한다. 하지만 아직까지 이러한 레버리지의 역효과에 대한 위험성을 인지하지 못하고 있는 듯하다.

집이 있는데 왜 가난하죠?

깡통주택, 깡통전세, 깡통계좌…. 은행 빚을 갚고 나면 남는 것이 없는 자산에 우리는 '깡통'이라는 단어를 붙인다. 자신이 투자한 돈 이상으로 가격이 하락해 원금을 까먹는 경우를 언론을 통해 쉽게 접할 수 있다.

돈이 많다면 집을 살 때 빚을 질 이유가 없다. 하지만 어지간한 집 1채 가격이 수억 원을 상회하기 때문에 일반적으로 은행 대출을 통해 집을 구매한다. 부동산은 확실한 담보가 되기 때문에 대출이자도 상대적으로 저렴하고 상환 기간도 긴 편이다. 여기에 부동산 가격 상승에 대한 믿음이 더해지면 대출을 하지 않을 이유가 없다.

하지만 경제가 어려워지면서 상황이 완전히 달라졌다. 빚을 얻어 집을 산 사람들이 경기 침체로 대출 상환이 어려워지자 집을 내놓기 시작했다. 하지만 시장에 집을 사려는 사람이 없다. 집을 팔 수도, 빚을 갚을 수도 없는 진퇴양난의 상황에 처한 것이다.

그래서 경기가 어려워지면 경매 물건이 늘어난다. 연체가 시작되면 은행은 돈을 돌려받기 위해 담보를 경매로 넘기기 때문이다. 정작 사려는 사람이 없어 감정가 대비 낙찰가율이 떨어지고, 경매 처분을 해도 빚을 다 갚지 못하는 경우가 발생한다. '깡통주택'이 탄생하는 것이다. 집값 하락이 계속되는 한 은행조차 빌려준 돈을 회수할 수 없는 깡통주택 숫자는 늘어날 수밖에 없다.

하우스푸어House poor 문제도 심각하다. 하우스푸어는 일반적으로 실거주 목적으로 주택을 구입했지만 과도한 대출로 원리금 상환부담이 과중해 재무 여력이 매우 취약해진 가구로 정의된다. 이들은 대출이자나 세금을 내고 나면 쓸 돈이 없다.

집값이 오르던 시절에는 집을 사려는 사람도, 돈을 빌려주겠다는 은행도 많았다. 하지만 2008년 전 세계가 금융위기의 늪에 빠지자 집값은 급락했고, 2006~2007년 상투를 잡고 들어간 많은 사람이 하우스푸어가 됐다.

그래프 9. 하우스푸어 지역 분포

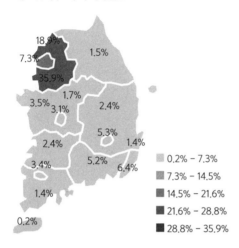

18.9%
7.3%
1.5%
35.9%
1.7%
3.5% 3.1%
2.4%
5.3%
1.4%
2.4%
5.2% 6.4%
3.4%
1.4%
0.2%

0.2% - 7.3%
7.3% - 14.5%
14.5% - 21.6%
21.6% - 28.8%
28.8% - 35.9%

고위험 하우스푸어 지역 분포

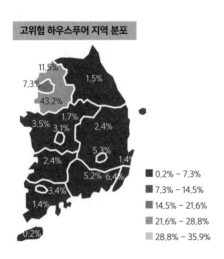

11.5%
7.3%
1.5%
43.2%
1.7%
3.5% 3.1%
2.4%
5.3%
1.4%
2.4%
5.2% 6.4%
3.4%
1.4%
0.2%

0.2% - 7.3%
7.3% - 14.5%
14.5% - 21.6%
21.6% - 28.8%
28.8% - 35.9%

(주: 2012년 6월 기준)

(출처: 가계부채의 미시적 위험 분석 및 스트레스 테스트, 변동준, 주택금융월보, 2013.03)

주택이 경매에 넘어가 처분되더라도 대출금액을 모두 상환할 수 없는 깡통주택을 보유한 가구는 고위험 하우스푸어로 정의된다. 고위험 하우스푸어 중 약 62%가 수도권에 집중되어 향후 수도권 지역의 부동산 경기 침체 지속 시 부실위험이 크게 증가할 가능성이 높다.

겉으로 보기엔 그럴듯한 집에 살고 좋은 직장에 다니지만 빚에 허덕이다 보니 막상 쓸 수 있는 돈은 별로 없다. 심지어 물가는 오르고 나갈 비용은 늘어난다. 집을 팔아 전세로 옮기고 싶지만 거래도 되지 않는다. 그렇다고 전세값이 저렴한 것도 아니라 이러지도 저러지도 못하는 하우스푸어는 무엇을 원할까? 시세가 올라 자신이 산 가격이나 그 이상으로 자신의 집을 누군가 사주는 것이다. '이게 얼마짜리 집인데', '얼마까지 갔었는데', '조금만 버티면 다시 올라갈 거야' 하는 기대심리가 있는 것이다.

하우스푸어 문제를 해결하기 위해 정부는 많은 정책을 내놓

앉다. 하지만 모두 근본적인 원인을 치유할 수 있는 대책들은 아니다. 혜택을 받을 수 있는 사람들 역시 제한적이다. 새 정부 또한 주택 부문에서 가장 고민을 많이 한 정책이 하우스푸어 정책이다. 전문가들은 실효성에 의문을 제기하고 있지만, 그들 또한 마땅한 해결책은 내놓고 있지 못하다. 그만큼 근본적인 해결책을 찾기가 어렵다는 의미다. 부동산시장의 연착륙을 위한 고민에 더욱 집중해야 할 것이다.

렌트푸어

렌트푸어Rent poor는 소득의 대부분을 거주비에 지출해 저축 여력이 없는 사람들을 말한다. 하우스푸어에 대한 대책은 여러 측면에서 논의되고 있지만, 렌트푸어에 대한 관심은 상대적으로 부족한 상황이다. 특히 렌트푸어는 집을 소유한 하우스푸어보다 저소득계층일 가능성이 높기 때문에 이들에게 더욱 많은 관심이 필요하다.

점점 커지는 집주인들의 월세 선호 현상도 렌트푸어에게는 달갑지 않은 소식이다. 집주인들이 전세를 반전세나 월세로 전환하면서 그나마 안정적인 거주 형태인 전세 구하기가 하늘에 별 따기다. 게다가 전세 보증금을 월세로 계산할 때 적용하는 월세 전환율은 은행 정기예금 금리와 비교할 때 2~3배에 이른다. 세입자 입장에서는 무리해서 주택을 구입하려 해도 부동산 시장의 침체로 부동산 가격이 하락하는 상황이 걸림돌이다.

새 정부 출범 이후 부동산시장에서 가장 이슈가 되고 있는 부분은 부동산 거래 활성화와 전세난이다. 이 두 가지 문제 모두 단기간에 해결하기 매우 어렵다. 수년째 지속되고 있는 부동산 경기 침체는 이 문제를 더욱 가중시킨다. 주택마다 적지 않은 빚을 지고 있고, 집주인이 빚을 갚지 못해 집이 경매로 넘어가면 자칫 전세금을 돌려받지 못하는 최악의 상황이 될 수 있다. 이렇게 되면 주택시장이 더욱더 불안해질 것이다.

summary

부동산도 이제는 안전자산이 아니다. '설마 떨어지겠어?'라는 생각은 버려야 한다. 대부분의 부동산투자는 전 재산을 거는 것과 마찬가지다. 무엇보다 무리하지 않는 투자가 최우선이다. 금리 변화나 대외환경 변화에도 흔들리지 않을 수 있도록 자신의 현실을 있는 그대로 파악하고 버텨낼 투자능력을 키워야 한다.

9장

지속적인 임대수익은
가능할까?

"연 수익률 10% 보장, 외국인 임대주택, 1~2년 고정수익 보장"이라는 문구로 투자자를 유혹하는 현수막을 거리에서 쉽게 볼 수 있다. 하지만 대표적인 수익형 부동산인 오피스텔의 경우 지속적으로 공급이 늘어나면서 재고량이 증가했고, 이로 인해 임대료가 낮아지고 분양률은 떨어졌다. 이러한 상황에서 투자자들을 유혹하려다 보니 1~2년 임대수익 보장 같은 유인책을 마련하고 있는 것이다.

안정적이면서 높은 수익을 보장한다는 말은 일단 의심하고 살펴봐야 한다. 지속적으로 안정적이며 높은 수익을 보장하는 상품은 있을 수 없다. 임대사업을 1~2년 하고 말 것도 아닌 만큼 오피스텔 대상지의 자족기능이나 임대 수요 등을 스스로 평가할 수 있어야 한다. 또한 시행사가 부도를 내거나 위탁관리 업체가 바뀌게 되면 계약조건이 제대로 이행되지 않는 경우가 생길 수 있기 때문에 주의가 필요하다.

대부분의 투자자들은 매달 꼬박꼬박 월세가 들어오기를 기대하면서 수익형 부동산에 투자할 것이다. 하지만 수익형 부동산은 이제 더 이상 황금알을 낳는 거위가 아니다. 세월이 지나면 황금알의 크기가 점점 줄어들고, 알을 낳지 않는 날도 생길 수 있다. 수익형 부동산도 마찬가지다. 일정 기간 동안은 안정적으로 높은 수익을 달성할 수도 있다. 하지만 수익이 줄어들고 공실이 하나둘씩 증가하다 골칫덩어리로 전락하는 순간이 반드시 찾아온다.

그럼에도 수익형 부동산에 투자하기로 결정했다면 안정적인 수요를 찾는 것이 첫 번째다. 수익을 안정적으로 올리기 위해서는 교통과 학군, 실거주 같은 안정적 수요가 있어야 한다. 최근에는 관광객 수요도 주목받고 있다. 외국인 관광객을 대상으로 한 게스트하우스가 홍대나 이태원 근처에 급증하고 있는 것도 이들의 수요가 안정적이기 때문이다. 두 번째는 지출 관리다. 건물 유지관리비, 이자비용 등을 고려해 투자계획을 수립함으로써 작은 수익을 극대화시켜야 한다.

무엇보다 단기간의 큰 수익을 바라기보다는 긴 안목으로 투자에 임해야 한다. 가을 단풍이 올라오는 속도는 시속 1킬로미터를 겨우 넘는다고 한다. 하지만 밤새도록 쉬지 않고 올라와 언제 가을이 왔는지도 모르게 전국을 알록달록 물들인다. 당신의 투자도 느린 속도지만 결국 목표를 달성하는 것이 중요하다.

원룸주택에 발목 잡힌 투자

베이비붐세대의 은퇴가 현실이 되면서 대표적인 수익형 부동산인 원룸과 도시형 생활주택의 인기가 높아지고 있다. 하지만 경제 논리가 그렇듯이 수요가 많은 곳에는 공급이 늘어나고, 늘어난 공급이 수요를 넘어서게 되면 가격은 떨어지기 마련이다. 지금의 수익형 부동산이 딱 이 상황이다.

도시형 생활주택의 수익률은 최근 급격하게 하락했다. 1~2인 가구가 증가하면서 아파트를 대체할 주거 시설로 오피스텔과 도시형 생활주택이 인기를 끌었고, 주거안정을 위해 정부가 각종 규제를 완화하면서 공급이 급증했기 때문이다. 특히 도시형 생활주택은 발코니 등 서비스 면적을 제공해 전용면적이 같은 오피스텔보다 실제 면적이 넓어 투자자들뿐만 아니라 실수요자들에게도 매력적이기 때문에 도시형 생활주택의 증가는 오피스텔 수요를 더욱 끌어내렸다.

　도시형 생활주택에 대한 투자자들의 관심이 높아졌지만 임대투자수익률은 지역에 따라 큰 차이를 보인다. 서울 지역 도시형 생활주택 6만 8,407가구(2013년 기준)의 연간 임대수익률을 따져본 결과 평균 수익률은 4.34%였는데, 수익률이 가장 높은 노원구(5.11%)와 가장 낮은 관악구(3.46%)의 차이는 1.7%포인트였다.

　수익률이 높은 지역은 대개 도시형 생활주택 공급이 적었거나 공급보다 수요가 많은 지역이었다. 도시형 생활주택 공급이 많았던 지역은 관악구(3.46%), 동대문구(3.68%), 영등포구(3.8%), 마포구(3.83%) 순으로, 이들의 평균 수익률은 3%선으로 나타났다.

수요 증가 속도보다 빠르게 늘어나는 공급은 필연적으로 공실을 발생시킨다. 공실이 발생하면 임대사업자들은 보통 임대료를 내려 어떻게든 손실을 줄이려고 한다. 하지만 최근 임대사업을 시작한 투자자들은 임대료를 낮출 여력이 없다. 대출금 때문이다. 임대료를 높여야 하는 상황에서 임대료를 낮게 책정하면 은행이자도 감당할 수 없게 된다. 게다가 시설이 좋지 않은 낡은 도시형 생활주택을 리모델링할 때 지불한 비용도 부담으로 작용한다.

확정수익률의 함정

사례

A는 여유자금을 투자할 임대수익형 부동산을 찾고 있다. 그중 분양형 호텔은 다른 임대 상품처럼 직접 임차인을 구하거나 계약을 해야 하는 번거로움을 피할 수 있어 매력적이었다. 또한 객실별로 등기분양을 받을 수 있

고, 중도금 무이자 대출을 내걸어 부담이 적었다. 무엇보다 일정 기간 무료로 객실을 이용할 수 있다는 점에 끌렸다.

더불어 관광 수요가 풍부하고, 시행사에서 2년간 확정수익률 10%를 보장했기에 안정적이라는 판단이 들었다. 하지만 투자 직후 투자자를 모집하던 시행사와 시공사가 부도나면서 매력적인 조건들도 모두 물거품이 되었고, A는 이러지도 저러지도 못하는 상황에 처했다.

호텔 객실을 분양받아 임대수익 또는 운영수익을 올리는 수익형 호텔이 새로운 수익형 부동산으로 떠오르기도 했다. 그동안 인기를 얻었던 오피스텔과 도시형 생활주택이 공급과잉으로 수익률이 떨어지면서 안정적인 수익률과 위탁운영을 내세운 분양형 호텔이 그 자리를 차지한 것이다. 관광객 증가로 수요가 급증한 분양형 호텔은 "최저수익 보장", "월수익 300만 원", "월세 받는 연금형 부동산" 등과 같은 광고로 고수익, 확정수익을 강조하며 소비자들을 유혹하고 있다.

결론부터 말하자면 분양형 호텔의 수익률은 5% 수준에 불과하다. 공급과잉으로 가동률이 떨어졌기 때문이다. 호텔은 객실

가동율이 매우 중요하다. 철저한 사전조사 없이 섣불리 호텔에 투자할 경우 투자자들이 피해를 입을 가능성이 높다.

분양형 호텔은 아파트나 오피스텔처럼 분양 후 구분등기를 통해 객실별로 소유권을 부여하는 형태의 숙박 시설을 말한다. 대부분 1억~2억 원대로 객실을 분양받거나 투자하면 운영 첫 해 또는 2년간 확정수익을 보장해준다. 준공 후에는 위탁계약을 맺은 전문업체가 관리하며, 영업이익에 따라 수익을 배분하는 구조다.

문제는 이들이 근거 없는 고수익을 제시하며 투자자를 유인한다는 점이다. 국내 분양형 호텔의 공급이 가장 활발한 지역은 제주도로, 분양 물량의 35%가 몰려 있다. 관광객이 폭발적으로 늘어 숙박 시설이 부족했던 초창기에는 10%의 수익률도 가능했다. 하지만 현재 운영되고 있는 상당수 분양형 호텔의 수익률은 5% 수준에 불과하다. 호텔에 손님이 많이 찾아온다면 가동률이 올라가겠지만, 숙박 시설 공급과잉으로 객실가동

이미지 5. 문제가 된 분양형 호텔 광고

률 하락이 예상되기 때문에 실제 수익률은 시행사가 제시하는 확정수익률보다 낮아질 것이 뻔하다.

이러한 상황에도 신규 분양 호텔들은 여전히 높은 수익률을 제시하고 있다. "수익률 OO% 보장"이라는 말로 홍보하지만 계약서에 관련 문구가 들어가지 않는 경우도 있고, 계약서에 들어 있더라도 사업자가 부도날 경우 확정수익률을 지키는 것은 불가능하다. 보장 기간 또한 길어야 2년 이내로 한정된 경우가 대부분이기 때문에 수익 보장 기간 후에도 적정수익이 가능한 입지인지를 최우선적으로 판단해야 한다.

투자자들은 대부분 시행사가 아닌 대형 건설사를 믿고 투자한다. 하지만 건설사는 건물만 시공할 뿐 분양에 대한 책임은 지지 않는 경우가 대부분이다. 그렇기 때문에 건물이 잘 지어질 수 있느냐가 아닌 건물이 지어진 이후 운영 시점의 문제 등도 함께 고려해야 한다.

상가투자 판단 기준은?

부동산의 입지를 판단할 때 가장 중요한 기준은 역세권 여부다. 그런데 상가투자에서는 이 역세권을 액면 그대로 받아들여서는 안 된다. 강남권 주상복합이나 재건축 상가처럼 상가의 활성도가 낮은 곳도 있기 때문이다. 이러한 상가들은 공급량 과다, 상품성 저하, 폐쇄적 공간 구조 등의 문제를 가지고 있다.

역세권 상가라는 요인만으로 상가 가치를 분석하는 것은 한계가 분명하다. 상가투자를 결정할 때는 외형적 모습이 아니라 상권과 입지 등 본질을 따지는 것이 중요하다. 무엇보다 임차인과 소비자 입장에서 투자를 판단해야 안정적이고 지속적인 임대수익을 달성할 수 있다. 같은 역세권이라도 길 하나를 두고 상권이 형성된 지역과 상권이 없는 지역으로 나뉘는 경우가 비일비재하기 때문이다.

상가투자의 최종목표는 안정적인 임대수익이다. 그리고 안정적인 임대수익을 올리기 위해서는 좋은 임차인을 확보해야 한다. 하지만 투자자 개인이 임차인을 구하기란 하늘의 별 따기다. 그래서 최근에는 시행사에서 직접 임차인을 구해 확정수익률을 확보한 후 투자자 모집에 나서기도 한다.

문제는 시행사가 확보한 임차인이 임대차계약을 연장하지 않는 경우가 많다는 점이다. 시행사에서 임차인을 먼저 구한 뒤 분양하는 선임대 상가들은 대부분 보증금과 임대료가 정해져 있다. 시행사가 분양 수익을 임차인과 나눠 부담함으로써 처음에는 높은 가격으로 임대차계약을 체결하거나, 심하면 시행사가 1~2년 동안 임대료를 부담하는 경우도 있다.

연장계약은 시행사에서 관여하지 않기 때문에 투자자 개인이 임차인과 직접 재계약을 진행해야 한다. 이때 임대료를 현실화하면 아쉬울 것이 없는 임차인으로써는 재계약을 망설이게 된다. 이는 곧 실질수익률 감소로 이어진다.

확정수익률이란 투자자를 현혹하기 위한 핑크빛 유혹에 불과하다. 개인투자자는 확정수익률 보장 기간과 조건 등을 꼼꼼히 고려해야 한다. 즉, 상권이 형성되지 않은 초기 단계에서 시행사가 보장해주는 확정수익률이 아니라 1~2년 후의 상권 발전 가능성을 따져봐야 하는 것이다.

summary

은퇴자들이 증가하면서 매각차액이 아닌 지속적으로 임대수익을 가져다 주는 수익형 부동산에 대한 관심도가 높아졌다. 노후를 걱정하는 은퇴자들을 '안정적'이라는 단어로 투자심리를 자극하지만, 부동산은 지속적으로 변화한다. 투자 여건과 지역환경이 변화하고, 경제 여건 또한 변화한다. 지속적으로 안정적인 부동산은 존재하지 않는다는 사실을 기억해야 할 것이다.

10장

언제 사서
언제 팔아야 할까?

공인중개사나 부동산을 업으로 하는 사람들은 절대로 '지금 사지 말라'는 말은 하지 않는다. 그들은 부동산이 거래돼야 수익을 얻을 수 있는 사람들이다. 그들은 그들의 수익을 위해 항상 지금이 부동산투자 적기라고 이야기한다. 부동산이 활황일 때는 더욱 상승할 것이기 때문에 투자의 적기고, 침체기에는 바닥을 쳤기 때문에 저가 매수 타이밍이라고 이야기한다.

그렇다면 부동산투자의 적절한 타이밍은 언제일까? 켄 피셔는 《당신의 투자를 망치는 주식시장의 17가지 미신》에서 주식의 손절매는 '익절매(益切賣)'로, 손실은 막아주지 못하고 오히려 세금과 거래비용만 높여 이익을 막을 때가 더 많다고 말한다.

사람들의 기대와는 달리 손절매는 손실을 막아주지 못한다. 유명 펀드매니저 중 손절매를 사용하는 사람이 없는데도 증권회사직원들은 손절매를 권유한다. 손절매가 손실을 막아주기보다는 매매 횟수를 늘려 매매 실적에 따라 보수를 받는 직원들에게 성과로 돌아오기 때문이다. 거래비용을 확실히 늘려주기 때문에 영업직원에게만 이로운 기법일 뿐, 고객에게는 도움이 되지 않는다.

부동산도 마찬가지다. 부동산투자가 활발해져 거래가 많아지면 누가 가장 좋아할까? 부동산중개를 통해 수수료를 받는 공인중개사일 것이다. 그 다음으로 좋아할 사람은? 바로 정부다. 부동산 거래에서 발생하는 등록세와 양도소득세를 받기 때문이다.

만에 하나 부동산으로 수익이 발생해도 남 좋은 일만 시키고 투자자의 몫은 적은 것이 현실이다. 수수료, 등록세, 양도세 등을 고려해보면 자주 거래하는 것보다 신중하게 거래하는 편이 수익률을 극대화하는 데 도움이 된다.

집을 사지 않는 사람들

주택 공급과잉으로 미분양이 증가하면서 부동산 침체를 우려하는 목소리가 커지고 있다. 새로 지은 주택이 이렇게 많고 가격도 내렸는데 사람들이 집을 사지 않는 이유는 무엇일까?

최근 은행권의 대출심사가 강화되면서 실수요자들이 적극적으로 내 집 마련에 나설 수 없게 되었다. 집값이 내려도 그림의 떡이 된 것이다. 게다가 가격 상승을 기대할 수 없기 때문에 투자심리도 위축됐다. 건설사들은 미분양 공포 때문에 신규투자에 소극적이 되면서 부동산 경기는 급격하게 가라앉는다.

집값이 올라도 집을 사지 않는 것은 마찬가지다. 사지 않는다기보다는 못 산다는 것이 맞다. 집을 2채 이상 가진 투자자라면 1채에 거주하면서 값이 오른 집을 팔고, 그 돈으로 다른 싼 집을 사는 게 가능하다. 하지만 1채만 가지고 있는 실수요자에게는 내 집값이 올라도 다른 집값도 올랐기 때문에 실제로 얻을 수 있는 수익은 제로에 가깝다.

이처럼 부동산투자의 수익을 결정하는 것은 매수가 아니라 매도다. 지금보다 더 강력해질 대출 규제와 금리인상, 변함없는 공급과잉, 악화된 투자심리는 파는 타이밍에 대한 예민한 감각을 투자자에게 요구한다.

부동산은 잘 사는 것보다 잘 파는 것이 중요하다

〈응답하라 1988〉에서 주인공 가족이 당시 허허벌판이었던 판교로 이사하는 장면이 그려졌다. 드라마를 본 사람이라면 '판교로 이사했으면 큰돈을 벌었겠다'고 생각했을 것이다. 작가 또한 판교로 이사해서 큰돈을 벌었다는 복선을 깔기 위해 이 장면을 넣었다고 한다.

판교가 개발될 때 주인공 가족이 집을 팔았다면 분명 수십억 원의 자산이 되었을 것이다. 그런데 그들이 20년 넘게 계속 판교에 살았을까?

부동산은 잘 사는 것도 중요하지만 잘 파는 것이 더욱 중요하다. 좋은 입지의 부동산을 매입했어도 잘 팔지 못한다면 수익을 얻기 어렵다. 그렇기 때문에 실수요자라면 단기적인 시장 전망에 흔들릴 필요 없다. 1~2년 살기 위해 집을 구매하는 사람도 없다. 실제 2014년 주거실태조사에 따르면 자가 가구의 평균 거주 기간은 11.2년에 이르는 것으로 나타났다.

단기적인 시세차익을 노린다고 해도 팔기 위해 지불해야 할 비용이 너무 크다. 장기적 시장 전망도 마찬가지다. 매도 시점의 가격 변화를 현재의 시장 상황으로 파악하기 쉽지 않기 때문이다. 기관이나 전문가가 전망한 주택시장의 향후 흐름은 맞은 경우보다 틀린 경우가 압도적으로 많다.

공인중개사는 당신의 투자로 손실을 입지 않는다

나이가 많거나 병력이 있는 사람은 보험 가입이 어렵다. 보험사는 가입자들로부터 보험료를 받아 자금을 운용한다. 보험금을 지급하고 남은 금액이 보험사의 수익이 되는데, 보험금을 많이 받아갈 게 뻔한 사람들을 어느 보험사가 환영하겠는가.

그런데도 묻지도 따지지도 않는다는 보험 광고를 쉽게 볼 수 있다. 절대로 손해 보는 장사는 하지 않는 기업이 왜 그럴까? 이유는 간단하다. 가입할 때는 안 물어보지만 보험금을 지급할 때는 세상 깐깐하게 기준을 적용하겠다는 의지로 해석해야 한다.

"확정수익률 보장", "월 300만 원 수입 보장" 같은 말로 부동산투자를 유도하는 현수막을 본 적 있을 것이다. 묻지도 따지지도 말고 투자하라는 것이다. 그런데 확정수익률은 언제까지 확정수익률일까? 시행사 역시 손해 보는 장사를 하지 않는다. 보험회사도 믿기 어려운데 보험회사보다 역사도 짧고 영세한 시행사를 믿어도 괜찮을까?

보험약관이 그런 것처럼 부동산투자에도 깨알 같은 글씨로 많은 조건이 달려 있다. 항상 사건이 터진 후에야 이러한 조건들을 들여다보고 후회하게 된다. 묻지도 따지지도 않는다는 말에는 '지금 묻지도 따지지도 않지만 계약하면 나중에 깐깐하게 묻고 따지겠다'라는 뜻이 포함되었다는 사실을 기억해야 한다.

이미지 6. 확정수익률로 광고하는 부동산

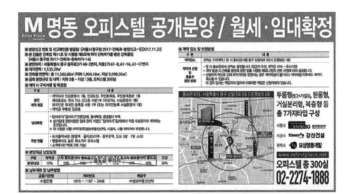

summary

최적의 매입·매도 타이밍을 판단하기는 매우 어렵다. 항상 사후에 그때 샀어야 했어, 팔았어야 하고 후회하지만, 이는 전문가들도 똑같다. 하지만 리스크를 줄이는 판단을 해서 매수와 매도를 한다는 차이점이 있다. 현재가 최적의 타이밍이 아니고, 수익을 조금 적게 보더라도 안정적인 타이밍이라는 판단 하에 실행되어야 할 것이다. 이러한 판단에서는 단기적인 흐름이 아닌 중장기적인 기준이 되어야 한다.

11장

부동산투자는
정말로 안전할까?

성공한 기업인을 꼽을 때 애플의 스티브 잡스는 늘 첫손에 든다. 스티브 잡스는 매킨토시와 아이팟, 아이폰까지 혁신적인 제품들을 통해 애플을 세계적인 기업으로 만들었다. 그렇다고 스티브 잡스가 성공만 한 것은 아니다. 큰 성공에 가려졌을 뿐, 자기 회사에서 쫓겨나기도 했고, 리사, 아이팟 하이파이 스피커 등 실패한 작품도 꽤 많았다. 한 시대를 풍미했던 무하마드 알리와 타이슨도 패배를 하고 무너졌다.

부동산시장은 어떨까? 이제까지 부동산은 불패의 신화를 기록했다. 일반적으로 토지는 다른 재화와 달리 유한한 자원으로 공급에 한계가 있기 때문에 지속적으로 오를 수밖에 없다는 논리가 통용되어왔다. 실제로 부동산 가격이 하락하더라도 결국은 반등했다. 하지만 이러한 현상이 언제까지 지속될까?

평생 이기는 게 어렵지 한 번 이기는 건 어렵지 않다

부동산시장은 급격하게 변하고 있다. 가장 큰 변화는 수요의 변화다. 부동산에서 가장 큰 수요 요인은 인구와 가구인데, 인구의 경우 통계청의 예측에 따르면 2015년 5,107만 명에서 소폭 증가해 2030년에 5,200만 명을 정점으로 감소한다. 2015년 현재 가구수는 1,956만 가구인데 2035년까지 2,226만 1,000가구로 증가한다고 예측했다. 이는 1인 가구 증가 때문인데, 1인 가구가 지속적으로 증가함에도 불구하고 울산의 경우 2032년부터, 대구의 경우 2035년부터 전체 가구수가 감소할 것이라고 예측했다. 이처럼 수요 감소가 예측되고 있는 상황에서도 지속적으로 부동산 가격이 오를 수 있을까?

고령화 또한 문제다. 2015년의 65세 이상의 고령 인구는 전체 인구 중 13.2%(657만 명)로, 2010년 11.0%(536만 명)에 비해 2.2%p(121만 명) 증가했고, 지속적으로 증가하고 있다. 다른 나라들의 고령 인구 비율(2015년 기준)을 살펴보면 일본 26.3%, 이탈리아 22.4%, 독일 21.2%, 프랑스 19.1%, 영국 17.8%, 미국 14.8%다. 우리나라의 비율은 아직 낮은 편이지만 2030년에는 24.3%, 2060년에는 40.1%로 2015년 51위,

그래프 10. 수도권 인구 및 비율

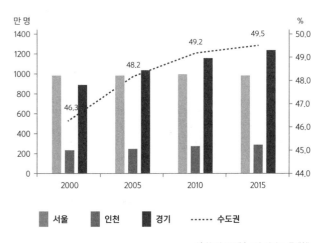

서울　　인천　　경기　　······ 수도권

(출처: 인구주택총조사, 각년도, 통계청)

2030년 15위, 2060년에는 2위 수준으로 높아질 전망이다.

가까운 일본의 경우 1995년 8,659만 5,000명이던 생산 가능 인구가 고령화로 인해 20년 만에 1,000만 명 가까이 줄었는데, 이 시기에 신규주택 건설이 급격하게 감소했다. 고령화로 인해 주택 신규수요가 창출되지 않으면서 자연스럽게 공급이 줄어든 것이다.

우량주와 잡주를 구분하라

외환위기 이후 실수요 중심으로 부동산시장이 재편되면서 양극화가 극심해졌다. 강남에서는 가격이 상승해도 집을 구하지 못해 안달이고, 외곽 지역과 원도심에서는 공동화 현상이 발생하며 빈집이 증가하고 있다. 이처럼 양극화가 극심해진 상황에서 부동산시장은 어떻게 변화할까?

부동산시장은 지역별로 차별화될 것이다. 가장 대표적인 차별화 현상으로 수도권 집중 현상을 들 수 있다. 수도권(서울, 인천, 경기)의 인구 비율은 2000년 46.3%, 2005년 48.2%, 2010년 49.2%에서 2015년 49.5%으로 증가했다.

인구가 수도권에 집중돼 있음에도 입주 물량은 지방에 몰렸고, 이 물량 대부분은 깡통주택이 됐다. 부동산 가치 폭락이 현실화된 것이다.

투자자는 이러한 부동산시장에 어떻게 대처해야 할까? 주식투자를 예로 들어보자. 초기 주식시장에서는 위험을 감수하며 큰 수익을 추구하는 투자자들이 많았다. 하지만 주식시장이 안정화되고 체계화되면서 위험요인이 많은 직접투자가 줄어들고 분산투자나 가치투자가 대세로 떠올랐다. 재무구조가 건전한 블루칩을 중심으로 투자가 이뤄지고 있는 것이다.

앞서 말했듯 부동산시장은 언젠가는 오르는 불패의 시장이 더 이상 아니다. 부동산을 잘 모른다고, 언젠가는 오를 것이라고 믿으며 마냥 부동산을 끌어안고 있다면 잘못된 선택을 한 것이다.

우리나라 주식시장의 대표주는 단연코 삼성전자다. 주식시장의 움직임을 분석할 때 가장 먼저 언급되는 주식이 삼성전자이고, 투자 가치를 따질 때도 삼성전자에 비교한다. 부동산투자에도 대표주가 있다. 반포나 은마 아파트 같은 강남 재건축 아파트가 대표적이다. 이들 아파트는 재건축뿐만 아니라 가격 변동을 이야기할 때도 가장 먼저 거론된다.

부동산투자로 수익을 올리기 위해서는 주식투자와 마찬가지로 잡주가 아니라 수요가 많은 우량주를 선택해야 한다. 실수요자 또한 장기 거주를 지양하고 가치 하락에 대비해 소유한 주택의 가치 변화를 지속적으로 모니터링해야 할 것이다.

폭탄 돌리기가 된 부동산투자

가치가 하락하게 될 부동산에 무리하게 투자했다면 핵폭탄을 돌리고 있다고 봐도 무방하다. 폭탄 돌리기는 원래 중국의 군

사훈련의 하나인데, 서로에 대한 신뢰를 높이고 단결력을 향상시키려는 좋은 취지의 게임이었다. 그런데 부동산시장에서는 서로 믿으면서 단결력을 키우기보다는 나만 아니면 된다는 생각으로 위험을 다음 사람에게 빨리 넘기는 것에 집중하고 있다. 옆 사람에게 언제 터질지 모르는 폭탄을 건넨 다음에야 안심할 수 있기 때문이다.

부동산은 더 이상 안전자산이 아니다. 언제 어디서든 터질 수 있기 때문에 사람들은 부동산시장의 변화에 민감하게 반응한다. 안정적인 주거를 보장받아야 하는 국민이 전전긍긍하며 폭탄을 서로에게 던지고 있는 것이다. 왜 이런 걱정을 국민들이 해야 할까? 가치 상승은 아닐지라도 최소한 손실을 보는 일은 없도록 해야 안심하고 살 수 있지 않을까? 정부는 국민이 안심하고 거주할 수 있는 여건을 만들기 위해 노력해야 할 것이다.

summary

부동산 불패는 고리타분한 옛말에 불과하다. 부동산시장은 계속 변화하고 있고, 앞으로도 변화할 것이다. 변화하는 시장에서 불패란 존재하지 않는다. 전쟁터 같은 부동산시장에서 손해 보지 않고 살아남기 위해서는 지속적으로 부동산시장을 관찰하고 공부하는 방법뿐이 없다.

12장

분양광고는

어디까지 믿어도 될까?

신문은 가장 효과적인 부동산 홍보 수단 중 하나다. 이제는 인터넷으로 뉴스를 읽는 사람이 더 많아진 세상이지만 부동산 분양광고는 여전히 신문 지면을 채우고 있다.

부동산 분양광고 옆에는 그 부동산이 개발 호재 등으로 투자 가치가 높다는 '북 치고 장구 치는' 기사가 떡하니 자리 잡고 있다. 투자가 유망한 지역이라는 기사가 전면광고와 함께 나오는 식이다. 이러한 현상은 특히 중앙일간지가 아닌 경우 더욱 심각하게 나타난다.

부동산 기사 중 광고성이 가장 짙은 것이 분양 단지를 소개하는 기사다. 이런 종류의 기사는 부동산 지면에서 빠지지 않는데, 내 집 마련에 관심이 많은 사람은 어느 곳에 어떤 아파트가 분양되는지 관심이 많기 때문이다.

부동산 분양광고는 신문 매출의 상당 부분을 차지한다. 그렇기 때문에 분양광고를 내는 건설사인 광고주의 입맛에 맞게 분양 기사를 싣는 것이다. 대부분의 분양 특집기사는 광고를 낸 건설사를 위한 것이다. 특집기사를 통해 독자들은 분양정보를 얻고, 신문사는 광고수익을 올리고, 건설사는 마케팅을 하는 일석삼조의 효과를 얻는다.

이러한 기사를 신뢰할 수 없는 이유는 아파트 가격과 분양에 영향을 주는 단지 규모, 입지, 주변 시설, 교통 등 장점만 부각하기 때문이다. 세상에 공짜 점심은 없다. 광고 하나까지 모두 당연히 분양가에 포함돼 있다. 미래에 내가 지불할 금액을 당겨서 낸 것이다. 모델하우스 방문 사은품도 마찬가지다. 특집기사, 광고, 사은품 모두 분양가에 포함돼 있다는 사실을 잊어서는 안 된다.

광고와 정보의 경계를 넘나드는 분양기사

신문에 부동산 관련 기사가 나오면 일단은 색안경을 끼고 봐야 한다. 그 기사가 분양광고에 대한 보상 차원의 기사는 아닌지 의심하라. 광고성 기사와 객관적인 분석기사를 구분하는 가장 쉬운 방법은 모델하우스나 시행사 연락처가 있는지를 보는 것이다. 독자들이 연락하기 쉬우라고 기자가 열심히 작성한 기사에 모델하우스 전화번호를 적어놓은 걸까? 조금만 생각해보면 답은 나온다. 우리가 의심을 거두는 순간, 우리는 정보의 홍수에서 허우적거리게 될 것이다.

좋은 부동산은 전화로 홍보하지 않는다

분양이 시작된 지 1년이 넘은 단지를 광고하는 경우도 있다. 분양이 완료된 단지라면 광고할 필요가 없을 테고, 1년이 지나도록 분양이 다 안 된 상태라면 상품성이 떨어진다는 이야긴데 굳이 광고를 계속하는 이유는 무엇일까?

분양이 어려운 단지일수록 광고비가 많이 든다. 신문, TV광고뿐만 아니라 텔레마케팅, 분양상담사 등도 모두 광고홍보비용이다. 특히 텔레마케팅을 할 정도면 관심도가 매우 떨어지는 상품이다. 일반인들이 인지를 못 하고 있는 상품을 전화로 소개해 매매를 유도해야 하기 때문이다.

누구나 대출이나 부동산투자를 전화로 권유받은 경험이 있을 것이다. 그런 전화를 받아보면 핑크빛 전망을 내놓으며 투자를 유도하지만, 그렇게 좋은 투자 상품이 왜 아직까지 분양되지 못했을까? 투자처를 찾지 못하고 있는 유동자금이 넘쳐나는 저금리시대에 좋은 투자 상품이 남아 있을 리가 없다. 좋은 부동산은 전화로 홍보하기도 전에 다 팔리고, 나에게 오지도 않는다.

드라마를 보면 누구나 한 번쯤 살아보고 싶은 멋진 집들이 많이 나온다. 주인공들은 멋진 분수가 있는 단지 내 공원에서 한가로이 차를 마시며 이야기를 나눈다. 피트니스클럽이나 도서관 등 다양한 서비스를 제공하는 커뮤니티 시설은 등장하는 주인공만큼이나 매력적이다.

그런데 이렇게 아름다운 집이 준공한 지 2년이 지나도록 주인을 찾지 못한 미분양 단지라는 사실을 아는 사람은 드물다.

상가도 마찬가지다. 최근 시행사에서는 신문이나 TV광고로도 해결하지 못한 골칫덩어리들을 드라마, 예능, 영화 PPL을 통해 처리하기 시작했다.

분양은 사업의 성공을 좌우하는 매우 중요한 요소다. 시행사와 건설사는 최선을 다해 분양을 하는데 정작 실거주자 혹은 투자자인 우리는 분양을 너무 가볍게 생각고 있는 것은 아닌지 다시 생각해봐야 한다. 우리의 섣부른 선택이 나비효과를 일으켜 커다란 변화를 일으킬 수도 있다.

분양가 상승의 원인은?

초기의 아파트 분양광고는 분양공고문에 가까웠다. 공급 대상과 금액, 융자액수, 지불 방법, 기간, 신청자격, 추첨 및 계약 방식 등 분양에 필요한 단순정보 제공이 목적이었기 때문이다. 그러다 1980년대 분양가 자율화와 함께 건설사 간 경쟁이 시작되면서 분양광고는 분양의 성공과 실패를 가르는 중요한 마케팅 수단이 됐다.

분양가 자율화 이전에는 기업에 대한 신뢰도와 낮은 분양 가격과 같은 경제성이 구매를 결정하는 중요한 요소였다. 하지만 분양가 자율화 이후 고급스럽고 화려한 이미지를 강조하기 위해 유명 모델을 고용하기 시작했고, 분양광고는 점차 화려해졌다. 이는 곧 분양가 상승으로 이어졌다.

전통적으로 자동차광고에서는 제품을 강조하기 위해 유명 모델을 사용하지 않는다. 하지만 아파트의 경우 다른 브랜드와의 차이를 광고로 보여주기 어렵기 때문에 유명 모델의 '이미지'에 의존할 수밖에 없었다. 포스코건설 더샵의 장동건, GS건설 자이의 이영애, 김남주, 대우건설 푸르지오의 김태희, 삼성물산 래미안의 이병헌, 장서희, 이미숙, 신민아 등이 대표적이다. 아파트 모델은 고급스러운 이미지 덕분에 화장품 모델과 더불어 여배우들의 로망이 되었고, 대중적인 인기를 가늠하는 척도로 여겨질 만큼 영향력은 상당했다.

표 5. 아파트 신문광고에 나타난 헤드라인 내용 분석

단위: 빈도(%)

구분		분양가 자율화 이전	분양가 자율화 이후
경제성		26(14.36)	18(12.50)
계획성		13(7.18)	10(6.94)
신뢰성		39(21.55)	8(5.56)
입지성		40(22.10)	28(19.44)
브랜드		0(0.00)	34(23.61)
주거환경		12(6.63)	10(6.94)
기업 이미지		17(9.39)	3(2.08)
상품 (아파트) 이미지	고품격	5(2.76)	17(11.81)
	고급	6(3.31)	6(4.17)
	친환경적	7(3.87)	3(2.08)
	첨단	2(1.11)	6(4.17)
	건강	1(0.56)	1(0.70)
	안락함	13(7.18)	0(0.00)
계		181(100)	144(100)

(자료: 대한주택공사 연구개발실(2000년), 김주원(2005))

그런데 언제부터인가 아파트광고에서 연예인들을 찾기 힘들어졌다. 건설 경기 침체가 장기화되면서 거액의 모델료를 지급해야 하는 톱스타 위주의 광고가 건설사에게 부담으로 다가왔기 때문이다. 또한 실수요자 위주로 부동산시장이 재편되면서 이미지보다는 상품의 장점, 특성 등을 소비자들에게 전달하는 쪽으로 바뀌었다. 모바일이 새로운 광고매체로 떠오르면서 유명 연예인을 활용해야 하는 신문, TV 중심의 광고도 자연스럽게 줄어들었다.

모델하우스의 맨얼굴

몇만 원짜리 옷을 사기 위해 몇 시간씩 백화점을 돌아다니며 이리저리 비교하면서 구입하지만, 몇억 원짜리 집을 살 때는 충동적으로 구매하는 경우가 있다. 모델하우스는 이런 소비자들을 유혹하기 위해 파놓은 함정이다. 매우 고가이기 때문에 합리적인 의사결정을 할 것 같지만, 모델하우스에 늘어선 줄을 보면 군중심리에 휩싸이게 된다. 지금 계약하지 않으면 안 될 것 같아 급한 마음에 계약서를 쓰게 되는 경우가 대부분이다.

시행사와 건설사들은 이러한 군중심리를 자극하기 위해 모델하우스가 북적이게 보이도록 안간힘을 쓴다. 방문 사은품을 주거나 냉장고, TV 등을 추첨을 통해 나눠주는 행사가 대표적이다. 심한 경우 아르바이트를 고용해 줄을 세워 바람을 잡는 경우도 있다.

모델하우스는 아파트를 분양받기 위해 반드시 방문해야 하는 필수 코스지만 곳곳에 함정이 숨어 있다. 단지 주변 조감도만 해도 그렇다. 마치 대형 주거 단지가 주변에 들어서는 것처럼 조감도를 만들어놨는데 알고 보니 축사나 비닐하우스뿐인 경우도 있다. 한없이 너그러운 공정거래위원회가 경고할 정도이니 말 다한 것이다.

분양업체의 달콤한 유혹에 넘어가지 않기 위해서는 모델하우스를 방문하기 전에 균형 잡힌 정보를 습득해야 한다. 우선지도 검색을 통해 사업장의 위치와 주변 여건을 파악한 후 사업지를 직접 방문해야 한다. 이를 통해 위해 시설 등을 확인할 수 있다. 또한 입주자모임이나 온라인 커뮤니티 등을 통해 드러나지 않는 문제점이나 평판도 조사해야 한다.

화려한 조명과 인테리어에 눈이 멀어 정작 볼 것은 못 보고 떠밀려 지나가는 사람이 많은데, 모델하우스 내부를 볼 때도 화려함에 현혹돼서는 안 된다. 모델하우스는 실내가 넓어 보이도록 거실과 방 등은 발코니 확장공사가 돼 있고, 밝은 조명과 아기자기한 인테리어 소품으로 공간을 꾸민다. 이런 것들이 기본적으로 제공되는 줄 알고 덜컥 계약하는 경우도 있는데, 옵션인 경우가 대부분이다.

화장발로 잘 꾸며진 모델하우스에 속지 않으려면 발품을 팔아서 현장을 방문하고 자세히 조사해서 맨얼굴을 보고 선택해야 한다. 또한 현장 분위기에 휩쓸려 곧바로 계약하지 말고 계약금, 중도금, 잔금 등의 지급조건과 대출이자율, DTI 등의 대출조건까지 꼼꼼히 검토해봐야 한다.

분양시장 문제를 해결하기 위한 궁극적인 해결책

아파트 분양시장이 과열과 냉각을 반복하는 가장 큰 원인은 수요와 공급이 불안정하기 때문이다. 그리고 수요와 공급을 불안정하게 만드는 것은 바로 선분양 시스템과 건설 기간이다.

특히 선분양 시스템이 문제다. 미분양 물량이 늘어나면 건설사는 할인분양을 시작한다. 미분양이 장기화되면 유동성 문제는 물론이고 브랜드 이미지도 실추되기 때문이다.

하지만 할인분양을 하게 되면 제값을 주고 선분양받은 이들과 필연적으로 형평성 문제가 발생한다. 이러한 문제로 갈등을 겪어온 단지가 너무 많다. 기존 아파트 주민들이 할인분양에 반발하며 현수막을 걸어놓고 할인분양자들의 입주를 막는다는 뉴스를 본 적 있을 것이다. 심한 경우 선분양자가 건설사의 할인분양에 항의하다 분신자살하는 사건까지도 발생했다. 이런

이미지 7. 할인분양 갈등

갈등은 정도의 차이만 있을 뿐 할인분양이 이뤄지는 곳 대부분에서 발생하고 있다.

기존 주민들과의 갈등을 최소화하기 위해 할인분양이 아닌 중도금 무이자, 발코니 무상 확장, 현관 중문, 오븐 무상 제공 등의 혜택으로 미분양을 해결하는 사례가 적지 않다. 그런데 이렇게 무상으로 제공되는 혜택들은 3,000만~7,000만 원 정도의 할인 혜택과 비슷하다. 이렇게 해서라도 미분양을 해결하는 것이 금융비용을 줄일 수 있기 때문이다.

선분양 제도가 가진 한계를 해결하기 위해 소비자들은 후분양제를 적극적으로 요구하고 있다. 정부 또한 소비자들의 요구에 발맞춰 '제2차 장기 주거종합계획 수정계획'을 통해 2022년까지 공공주택 물량 70%를 후분양으로 공급하고, 민간 주택사업자가 자발적으로 후분양을 시행하도록 유도하겠다는 로드맵을 제시했다.

문제는 건설업계의 의지다. 민간의 경우 지금도 자금조달에 어려움을 겪고 있는 상황에서 후분양제까지 시행되면 파국을 맞이할 수 있다. 모두가 만족스러운 해결책은 없다. 후분양제가 더 이상 망가질 수 없는 부동산시장을 회복시키는 신의 한 수가 되기를 응원해본다.

summary

보기 좋은 떡이 맛도 좋다고 하지만, 포장지가 예쁜 것과 내용물이 좋은 것은 다른 이야기다. 요즘은 소위 가성비가 높은 상품들이 인기가 높다. 분양광고나 모델하우스 등은 포장지일 뿐이다. 겉모습에 현혹되지 말고 상품 본연의 품질을 판단해서 가성비를 따져봐야 한다.

13장

분양 형태는
왜 이렇게 많은 걸까?

거리를 지나다 보면 회사보유분을 특별분양한다는 현수막을 쉽게 볼 수 있다. 좋은 위치의 주택을 미리 빼놓고 특별하게 분양하고 있으니 빨리 와서 사라는 의미일까?

분양에서는 회사가 임의로 좋은 위치의 주택을 선점할 수 있는 권리가 없으니 회사가 일부러 아파트를 보유할 근거가 없다. 즉, '회사보유분'은 미분양 물량, 재고라는 뜻이다.

2008년 글로벌 금융위기 이후 건설사들은 미분양 처리를 위해 분양가를 낮추고 많은 혜택을 제공하면서 소비자들을 유혹했다. 일부 지역을 제외하면 수도권을 비롯해 전국적으로 미분양 사태가 한창이었다. 특히 최근에는 지방 미분양 물량이 폭증하면서 거리마다 이런 현수막이 걸리고 있다.

회사보유분 특별분양=선착순분양=미분양

특별분양은 미분양 물량을 떨이로 판매한다는 뜻이다. 미분양 물량이라 하지 않고 회사보유분, 특별분양이라고 포장하는 이

이미지 8. 미분양의 다른 이름, 특별분양

유는 떨이판매보다는 확실히 '아름답고 특별해' 보이기 때문이다. 미분양이 늘어나면 "잔여세대 절찬 분양 중", "마감 임박", "동호수 지정 선착순 계약, 계약금 100만 원", "성황리 분양 완료, 회사보유분 특별분양"이라는 광고로 정보가 부족한 소비자를 현혹하기 시작한다. 일이천 원짜리 속옷도 아니고 몇억씩 하는 부동산을 떨이라고 하면 누가 구입하겠는가?

"물건이 없으니 서둘러 선택하는 것이 좋다"라는 광고문구는 소비자들의 심리를 손쉽게 자극한다. 이러한 마케팅 기법을 가장 잘 활용하는 곳이 바로 홈쇼핑이다. "10개 남았습니다", "서두르세요", "다음 기회는 없습니다"라는 자막을 보면 상술이라는 걸 뻔히 알면서도 나도 모르게 전화를 건다. 부동산업계는 이러한 심리를 적극적으로 이용하고 있다. "1억에 5채 장만"이라는 문구도 쉽게 볼 수 있다. 집 1채에 2,000만 원뿐이 안 된다는 것일까? 1억 원에 5채를 판매하는 것이 아니라 5채를 계약하고 나머지 금액은 대출로 지불이 가능하다는 의미다.

분양 마감 임박이라는 말은 어디까지가 사실일까? 성황리에 분양을 마감했던 곳에서 잔여세대 또는 회사보유분 특별분양이 나오는 경우도 있다. 중도금을 납부했던 계약자가 해지했던 물건 또는 계약자가 포기한 물건이 그런 경우다.

하지만 우리에게 그렇게 좋은 물건이 왔다면 '왜 나한테까지?'하고 의심해봐야 한다. 그렇게 좋은 물건이라면 누군가 프리미엄을 주고 사갔을 것이다. 성황리에 분양이 완료된 것처럼 보이는 아파트라도 실체를 들여다보면 우호적인 부동산업체들(떴다방)과 임대사업자를 동원해서 일부를 가계약 형식으로 처분함으로써 분양률을 높인 것이다. 분양률이 높다고 홍보하면서 물건을 팔면 미분양 아파트의 오명도 없고, 예쁘게 포장해 좋은 가격에 팔수 있다.

보통의 소비자들은 똑같은 상품이라 하더라도 포장을 달리하면 전혀 다른 상품으로 인식하기도 하고, 포장 전 상품을 인지하지 못한다. 분양사는 이 점을 활용하는 것이다.

청약률이 높으면 수익률이 좋을까?

분양의 인기를 측정하는 척도로 청약경쟁률을 많이 활용한다. 청약경쟁률이 높게 나타난 곳은 수요가 많은 곳이고, 분양권 프리미엄이 붙는 것이 당연하다. 하지만 분양 초기 수요자들이 몰려 프리미엄이 형성됐더라도 준공 시점까지 수요가 유지되지 못하는 경우도 발생한다. 분양 당시에는 수익이 높을 것으로 기대됐지만 정부 정책 변화나 대외적인 경제여건 변화 등으로 입주 시점에는 수익을 기대하기 어려워지는 경우가 그렇다.

분양 당시의 시장여건보다 입주 시점의 시장여건이 판단의 기준이 돼야 한다. 인천 청라지구와 송도지구의 경우 국제고등학교를 비롯한 다양한 국제업무 인프라와 녹지공간이 계획돼 있었다. 교육이나 거주여건이 좋아 285대1이라는 기록적인 청약경쟁률을 보였고, 분양권에 수천만 원의 웃돈이 붙었다. 모델하우스 주변에 '떴다방'들이 성행하면서 집중 조사지역으로 지목되기도 했다.

하지만 20여만 가구가 한꺼번에 입주하면서 도로, 학교 등 기반 시설이 부족하다는 사실이 적나라하게 드러났다. 이로 인해 시세가 분양가보다 최고 1억 원까지 떨어졌고, 4,000~5,000만 원에 이르는 계약금 손해를 감수하고서라도 입주를 포기하는 사람들이 늘어났다. 청라지구의 경우 초기 입주율은 겨우 10% 정도에 머물렀다.

지금까지 중요시돼왔던 청약경쟁률의 한계는 명확하다. 청약경쟁률이 아무리 높아도 계약으로 이어지지 않는 허수 청약자가 발생하기 때문이다. 이러한 상황에서 입주율이 새로 주목받기 시작했다. 하지만 입주율은 건설사에서 공개를 꺼려한다. 건설사의 재무 상태가 고스란히 드러나기 때문이다.

수익률을 예측하는 데 입주율과 비슷한 계약률을 활용하기도 한다. 계약률 또한 아파트 분양 경기를 어느 정도 정확하게 보여주는 지표다. 인터넷 청약이 제도화되면서 금융결제원이 운영하는 아파트투유apt2you.com를 통해 분양 면적별로 청약 상황을 언제든지 확인할 수 있다. 참고로 주택도시보증공사HUG

이미지 9-1. 아파트투유 홈페이지

이미지 9-2. 주택도시보증공사 홈페이지

(출처: 각 사이트 캡처)

에서 공개하는 계약률은 분기마다 지역별로 30가구 이상의 아파트 단지를 전수조사한 분양률인데, 초기 3개월을 기준으로 하기 때문에 수익률을 판단하기에는 조금 부족하다는 단점이 있다.

입주자 모집공고의 꼼수, 깜깜이 분양

분양시장에서는 소비자를 혼란에 빠트리는 용어가 자주 등장하는데, 소비자를 현혹시키기 위한 경우가 많기 때문에 주의를 필요로 한다. 앞서 언급한 '선착순 분양'이라는 용어가 대표적이다.

최근에는 '깜깜이 분양'이라는 용어가 소비자들을 헷갈리게 해 주의가 필요하다. 깜깜이 분양은 건설사들이 주택 수요 부족 등을 이유로 청약경쟁률이 낮을 것을 예상해 적극적으로 마케팅을 하지 않고 분양을 하는 마케팅 전략이다. 비용은 비용대로 쓰고 미분양 아파트라는 낙인이 찍히는 것을 방지하기 위해 잘 알려지지 않은 일간지 등에 입주자 모집공고를 낸 후 청약 기간 동안 일체의 홍보 없이 추첨과 계약을 하루 만에 끝내고 곧바로 무순위 공급을 진행한다.

깜깜이 분양이란 말은 수요자들이 분양정보에 깜깜하다는 데서 비롯됐다. 모델하우스를 방문하는 무순위 수요자들을 대상으로 각종 프리미엄을 제공하며 즉석에서 선착순으로 계약하는 것은 명백히 편법이다. 또한 청약가점제에 따라 의무적으로 시행해야 하는 청약 절차를 무시하기 때문에 실수요자들이 제대로 된 분양정보를 얻을 수 없을 뿐만 아니라 분양시장의 투명성도 훼손한다.

깜깜이 분양에 당하지 않으려면 보험약관처럼 작은 글씨로 빽빽하게 적혀 있는 입주자 모집공고를 꼼꼼히 읽어봐야 한다. 아파트 공급 위치, 면적, 공급 규모, 공급 대상, 분양가, 신청자격, 공급 일정, 청약 신청 유의사항, 당첨자 선정 방법, 계약 일정, 조건 등의 내용이 상세하게 기재돼 있기 때문이다. 1채에

표 6. 입주자 모집공고 주요 체크 포인트

구분	주요 체크 항목
공급 대상 및 내역	신청 주택형 및 전용면적, 분양가 및 납부비율 시기, 입주자 모집 공고일
신청 자격 및 청약 일정	특별공급 대상자 여부, 가점제 청약 가능 여부, 순위별 청약 제한 기준, 지역 우선 공급 물량 거주 요건, 자신의 청약 접수 날짜, 청약 전 유의사항
청약가점제 및 신청 방법	인터넷 청약용 공인인증서, 가점 항목별 적용 기준 및 배점표, 주택 소유 여부 기준 및 특례조건, 세대주 인정 기간 산정 기준, 일반 공급 신청접수 방법
입주자 선정 방법	순위별 당첨자 결정 방식, 예비당첨자 선정 비율 및 방법, 당첨자 발표일, 부적격 당첨자 분류 기준
계약 체결 및 납부 방법	계약 체결일 및 장소, 시간, 분양대금 납부계좌 및 계약조건, 계약 체결 시 구비 요건
기타	중도금 대출 관련 요건, 입주 예정 시기 및 입주자 사전점검 기준, 일반 주의사항 및 분양 보증 범위 및 제외 기준

몇억 원씩 하는 새 아파트에 당첨돼 내 집을 마련하려면 이 정도의 노력은 감수해야 한다.

입주자 모집공고에서 가장 주의 깊게 살펴봐야 할 내용은 공고문의 마지막에 나오는 (시행자에게 유리하게 작성돼 있는) '유의사항'이다. 이 유의사항에는 건설사 부도 시 분양대금 보호 및 제외 대상, 주변 혐오 시설 존재 여부, 각종 분쟁 발생에 따른 단서조항 등이 빼곡하게 담겨 있다. 이 유의사항을 꼼꼼히 살펴봐야 시행자가 만들어놓은 함정에 빠지지 않을 수 있다.

미분양인데 왜 떴다방이 '떴'을까?

공인중개사는 보통 일정한 장소에서 주변 건물이나 땅에 대해 정보를 제공하고 매매를 중개한다. 하지만 떴다방은 인기가 많은 오피스텔이나 아파트 등의 모델하우스를 돌아다니며 파라솔 같은 임시 테이블에서 당첨된 사람에게 그 권리를 사서 프리미엄을 붙여 다른 사람에게 되파는 식으로 매매를 중개한다.

시행사 입장에서 떴다방은 계륵 같은 존재다. 분양이 잘되는 지역은 떴다방들이 알아서 영업을 하지만, 분양이 안 되는 지역은 떴다방이 건설사의 돈을 받고 음성적으로 분양을 부추기는 역할을 하기 때문이다. 예를 들어 '떴다방이 뜰 정도로 인기가 많은 단지'로 포장할 수도 있다. 하지만 모델하우스 주변에 떴다방이 성행한다면 분양이 제대로 되기 힘들다. 실수요가 아닌 투기 수요로 분양이 이뤄진 경우 임대인 중심으로 입주가 진행되기 때문에 실제 입주율은 낮게 나타난다.

프리미엄의 의미도 다르게 해석할 필요가 있다. 만약 프리미엄이 형성됐다면 시행사가 더 높은 가격에 분양을 할 수 있었다는 반증이다. 이는 곧 더 높은 수익을 얻을 수 있는 기회를 놓쳤다는 의미다.

summary

소비자들은 겉포장이 아닌 가성비를 비교하기 위해 여러 지표들을 비교
한다. 이러한 지표들 중 소비자들이 잘 알지 못하는 함정이 숨겨져 있기도
한다. 회사보유분, 청약률 등이 대표적이다. 이러한 말에 속지 않기 위해
서는 지표 본연의 특성과 함의를 알 필요성이 있다.

14장

꼬마빌딩이 뜨는
이유는 뭘까?

평균수명 100세 시대는 이제 미래의 이야기가 아니다. 65세 정년을 채우기도 힘든 경쟁시대에서 40년 가까이를 직업 없이 살아야 한다. 두 번째 인생을 살 준비가 잘돼 있다면 큰 문제가 없겠지만, 하루하루 먹고살기도 벅찬 대부분의 사람들에게는 너무 힘든 시간이다.

높은 수익을 담보하던 부동산은 은퇴자들에게 마지막 남은 보루였다. 하지만 저금리가 길어지면서 부동산도 예전 같지 않다. 한 번의 투자로 높은 수익을 올리기 힘들어지면서 투자자들은 지속적이고 안정적인 자산을 찾기 시작했다.

다음 그래프는 대표적인 수익형 부동산인 오피스 빌딩의 매매 가격과 요구수익률Cap-Rate을 보여준다. 요구수익률은 투자자가 바라는 최소한의 수익률로, 투자자가 투자를 통해 얻을 수 있는 기대수익률을 말한다. 2000년의 오피스 빌딩의 요구수익률은 11.1%였지만, 최근 요구수익률은 5%대로 곤두박질 친 것을 확인할 수 있다. 수익형 부동산시장이 어려운 만큼 투

그래프 11. 오피스 빌딩 매매 가격 및 요구수익률 추이

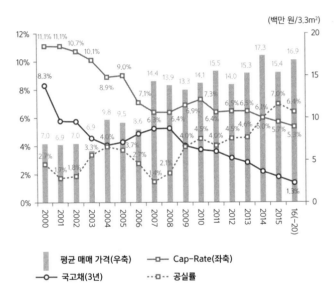

(출처: 최근 오피스 거래시장의 동향 및 특징과 향후 전망, 코람코, 2016)

자자들의 기대수준도 낮아지고 있다는 것이다.

재생의 시대

택지개발촉진법이 폐지되면서 재개발, 재건축 중심의 개발사업이 점점 축소되거나 사라지고 있다. 택지개발촉진법은 10만 제곱미터 이상의 대규모 택지를 원활하게 공급하기 위해 1980년대 제정됐다. 하지만 미분양이 우려되는 도심 외곽지역의 대규모 택지 공급을 억제할 필요성이 대두됐고, 도심 내 주택 공급을 늘려 주택시장을 회복하겠다는 정부의 강력한 의지가 반영되면서 2014년에 폐지됐다.

또한 최근 도시개발 트렌드는 '재생'에 중점을 두고 있다. 도시재생은 신도시 건설 중심의 확장이 아닌 낙후된 기존 도시를 활성화하는 사업이라고 정의할 수 있다. 지난 30여 년 동안 도시개발은 민간자본에 의해 수익성 중심으로 이뤄졌지만 공공의 역할이 중요해지면서 도시재생으로 변화한 것이다.

부동산투자의 핵심은 부동산 가치 상승을 통한 매매 가격 극대화다. 도시재생의 시대에는 신규투자보다 보유한 부동산의 체계적인 관리가 더욱 중요하다. 리모델링이나 고급화, 첨단화 등이 주목받고 있는 것도 바로 이 때문이다.

지금까지의 부동산투자는 정보의 독점 덕분에 높은 수익이 가능했다. 도시기본계획이나 관리계획을 특정 사람들끼리 공유했기 때문이다. 하지만 이러한 정보들이 일반인들에게 투명하게 공개되면서 희소성이 떨어졌고, 공개된 이후에 투자하게 되면 이미 가격이 많이 오른 상태라 수익을 올리기 어려워졌다.

그래서 대부분의 토지투자는 임야, 전답 등을 대지로 지목변경하거나 자연녹지를 공업지역, 주거지역 등으로 용도변경하는 방식으로 가치를 상승시킴으로써 수익을 만들었다. 하지만 이러한 방법도 비싼 부동산 가격을 피해 도심에서 외곽으로 이주하는 수요가 많은 시대에서나 가능하다. 인구가 감소하고 도시의 외연적 확산이 어려운 시기에는 반대로 투자가 도심으로 집중되는 현상이 두드러진다. 인구 감소와 도심의 노후화로 도심에 빈집이 증가하고 슬럼화되면서 재개발, 재건축 등 도심재생의 필요성이 증가하기 때문이다.

건물주의 꿈을 이루는 꼬마빌딩의 미래

최근 몇 년 새 '꼬마빌딩'이라고 불리는 50억 원 이하의 작은 상가건물이 부동산시장에서 주목받고 있다. '조물주 위에 건물주'라는 말의 유행은 작은 빌딩이라도 구입해 건물주가 되고 싶은 욕망이 시장에 반영된 것이다. 최근 경제 상황을 봐도 세계적인 장기불황과 베이비붐세대의 은퇴 시기가 맞물리면서 안정적인 수익률을 기대할 수 있는 꼬마빌딩에 대한 관심은 당연하다.

베이비붐세대는 노후를 대비하는 동시에 자식들을 지속적으로 지원하기 위해 안정적인 임대수익이 발생하는 부동산을 매입하고 싶어 한다. 도심의 중소형 빌딩들은 투자수익률이 금융

상품의 수익률보다는 높다는 점에서 안전한 투자처로 관심을 받고 있는 것이다.

꼬마빌딩은 보통 지상 3~5층 규모의 중소형 빌딩을 통칭한다. 이미 가격이 오를 대로 오른 상태지만 4~5%대의 안정적인 임대수익을 올릴 수 있고, 노후 빌딩의 경우 약간의 리모델링으로 더 높은 임대수익과 시세차익을 기대할 수 있다는 점이 꼬마빌딩의 특징이다. 이를 반영하듯이 30억~50억 원대의 꼬마빌딩은 이미 품귀 현상이 일어나 구하기가 힘들 정도다.

한 부동산업체의 조사에 따르면 서울의 50억 원 이하의 빌딩 거래량은 2012년 486건, 2013년 326건, 2014년 510건, 2015년 717건으로 급증세를 보였고, 최근 2년간 700건 내외로 안정적으로 거래되고 있다. 이렇게 부동산 투자자들이 50억 원대 이하의 꼬마빌딩에 투자하는 것은 꼬마빌딩이 '안전자산'이라고 판단했기 때문이다. 최근 수익형 부동산의 평균적인 투자수익률은 4%대인데, 꼬마빌딩의 경우 주변 상권을 잘 파

그래프 12. 50억 원 이하 빌딩 거래량

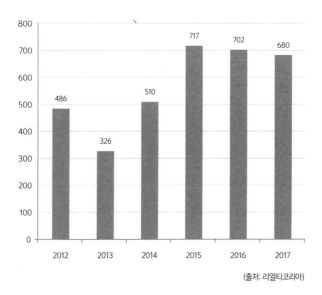

(출처: 리얼티코리아)

악해 매입한 후 리모델링이나 건물 용도변경을 통해 임대료 및 부동산 가치 상승이 가능하다는 측면에서 투자자들의 관심을 끌고 있다.

하지만 꼬마빌딩도 리스크가 있기는 마찬가지다. 가장 큰 리스크는 '공실'이다. 공실이 발생하면 꼬마빌딩 인기의 가장 큰 요인인 안정적인 임대수입이 불가능해지고, 대출이자를 상환할 수 없게 된다.

최근 젠트리피케이션Gentrification의 문제점에 대한 이야기가 많은데, 공실의 가장 큰 원인이 바로 이 젠트리피케이션이다. 젠트리피케이션이 발생하는 과정을 살펴보자. 임대료가 저렴한 구도심에 독특한 분위기의 개성 넘치는 상점들이 들어서면서 유명해지고, 유동인구가 조금씩 늘어난다. 이후 상권이 자리 잡게 되면 높은 임대료를 미끼로 대형 프랜차이즈가 입점을 시작한다. 기존의 작은 가게와 주민들은 치솟는 임대료와 집값을 감당할 수 없게 되고, 다른 곳으로 밀려난다. 결국 아무런

개성도 없는 대규모 상업지구로 변화한다.

건물주 입장에서는 대형 프랜차이즈가 들어오면 임대료를 많이 받을 수 있기에 환영할 만하다. 하지만 이는 단기적인 현상이다. 대규모 프랜차이즈로 가득 찬 골목은 최초의 도시 색을 퇴색시키고, 매력을 잃은 골목에는 사람들의 발길이 줄어든다. 결국 영업난에 시달린 세입자가 문을 닫게 되면 공실이 생겨 건물주의 손해가 불가피하다.

이러한 현상이 발생한 대표적인 곳이 종각역과 신촌, 이대 상권이다. 서울 강북을 대표하던 종각역과 신촌, 이대 상권은 몇 년간 가파르게 오른 임대료와 유동인구 감소로 인해 상권이 침체됐다. 평일 오후인데도 테이블 전체가 비어 있는 음식점이 한 집 건너 한 집 수준이었다. 상권이 침체되면서 떠나는 상인들도 늘어났고, 거리 자체가 한산해졌다. 한때 활황의 상징이던 높은 임대료가 독이 돼 돌아온 것이다.

종각역도 상황은 마찬가지다. 종각역 골목 곳곳에는 임대료 인하를 요청하는 플랜카드가 걸려 있다. '건물주와 세입자는 가족입니다. 임대료 인하하여 골목상권 활성화합시다. 갑이 도와야 을이 삽니다. 을이 죽으면 갑도 죽습니다'라는 내용이다. 손님이 크게 줄어드는 바람에 매출로는 임대료도 내기 어려워 영업을 포기하는 점포들이 늘고 있는 것이다. 건물주 입장에서는 임대료가 올라 좋았겠지만 공실이 생기면서 오히려 손해를 보고 있는 것이다.

미국 금리인상 등의 악재가 줄줄이 쏟아지는 만큼 대형 빌딩 거래도 보수적으로 전망하는 투자자들이 늘었다. 보험사와 은행은 2020년 도입될 예정인 국제회계표준(IFRS4) 2단계를 대비하기 위해 재무건전성 확보 차원에서 보유한 우량 부동산을 매각하고 있다. 기업들 또한 경기 불확실성이 커진 현 상황에서 현금 동원력을 높이기 위해 사옥을 셀 앤드 리스 백(Sell & Lease back, 매각 후 매도자가 그대로 세 들어 있으면서 임차료를 내는 방식)으로 처분하고 있다.

이제까지는 '공급'의 시대였다면 미래는 '관리'의 시대다. 산

업화 이후 경제가 급격하게 성장하면서 많은 부동산이 공급됐다. 미래는 더 이상 부동산이 부족한 시대가 아닌 것이다.

주변 상권이 좋아져 어부지리로 수익을 창출하는 행운은 더 이상 일어나지 않는다. 이제 이렇게 공급된 부동산을 어떻게 관리할 것인지가 중요한 시대다. 체계적인 부동산 관리로 자산 가치를 상승시켜야 한다. 우량 임차인을 입주시켜 건물의 가치를 높이고, 이렇게 유치한 우량 임차인이 다른 건물로 빠져나가지 않도록 건물을 철저하게 유지하고 보수하고 관리해야 한다.

summary

좋은 입지는 대부분 개발이 완료된 상태다. 신규투자로 수익을 창출하기 어려운 시대에 부동산투자의 핵심은 관리를 통한 가치 개선이다. 가지고 있는 부동산을 내버려두지 말고 끊임없이 관리하고 보수하라.

15장

부동산 공부는
어떻게 해야 할까?

사람들은 다들 부동산은 투기가 아닌 투자가 돼야 한다고 말한다. 그런데 투자와 투기는 무엇이 다를까? 투자와 투기는 이익을 추구한다는 점에서는 같지만, 투자는 생산 활동을 통한 이익을 추구하고 투기는 생산 활동과 관계없는 이익을 추구한다는 점에서 차이가 있다.

부동산의 경우 공장을 지어 상품을 생산할 목적을 지녔다면 투자지만 부동산 가격 상승만을 고려해서 일정 기간 후에 이익을 남기고 다시 팔면 투기다. 하지만 이러한 분류라면 실거주 주택이 아닌 모든 수익형 부동산은 투기가 된다.

좀 더 원론적으로 접근해보자. 투자는 내가 가진 자본을 투입해서 미래의 더 큰 수익을 얻는 활동으로, 현재의 확실한 소비 흐름을 통제해 미래의 불확실한 수익을 기대하며 자산을 매입하는 행위다. 그러므로 투자는 시간과 기대수익에 대한 리스크를 부담하는 대가로 볼 수 있다.

부동산투자 불변의 법칙

그렇다면 부동산 관점에서 투자와 투기의 차이는 무엇일까? 알고 투자하느냐, 아니면 묻지마 투자를 하느냐 차이가 아닐까?

사람들은 정보에 민감하다. 그래서 찌라시나 뜬소문에 쉽게 흔들린다. 게다가 찌라시를 통해 유통된 정보를 통해 큰돈을 벌었다는 소문은 빛의 속도로 확산된다. "어디 지역이 뜬다더라", "어디가 재개발 된다더라" 등의 뜬소문과 암암리에 퍼져 있는 찌라시 정보를 듣고 돈을 넣는 것은 투자가 아닌 투기다.

잘 생각해보자. 찌라시 정보를 누가 어떻게 만들었는지도 모르면서 사람들은 찌라시 정보만 믿고 부동산에 큰돈을 집어넣는다. 그렇다면 이 찌라시를 악용하는 사람이 없을까? 부동산 업계에서 닳고 닳은 업자들이 투자 가치 없는 부동산을 헐값에 사들인 후 해당 지역이 개발된다는 찌라시를 퍼트린다. 그리고 찌라시만 믿고 돈을 들고 오는 사람들에게 비싼 가격에 팔아넘기는 것이다. 이렇게 손해 본 사람들이 누구에게 하소연할 수 있을까? 찌라시로 큰돈을 벌었다는 소문이 많은 것은, 투기로 성공한 사람은 여기저기 떠벌리고 다니지만 투기로 돈을 날린 사람은 창피해서 말을 아끼기 때문이다.

소문이나 다른 사람들의 이야기만 듣고 모델하우스에 길게 줄서듯이 투기를 하고 있는 것은 아닌지 생각해보라. 부동산이 투자가 되기 위해서는 나만의 철저한 기준을 세우고 분석해야 할 것이다. 나만의 기준으로 투자를 했을 때 성공을 하면 성공의 경험이 쌓이는 것이고, 실패를 해도 학습이 되어 더 나은 나만의 기준을 만들 수 있다.

씨를 뿌리지 않으면 싹이 나지 않는다

투자실력을 쌓는 최선의 방법은, 어쩔 수 없지만 실제로 투자를 많이 해보는 것이다. 많은 경험을 해봐야 성공할 수 있다. 또한 한 번의 성공에 그치지 않고 지속적으로 성공하기 위해서는 다양한 종류의 위험에 대처하는 능력을 갖춰야 한다. 책이나 성공한 투자자의 조언도 중요하지만, 실력을 쌓는 데 경험보다 중요한 것은 없다.

직접 뛰어들어야 기회가 보인다. 밖에서는 안이 보이지 않기에 직접 뛰어들어봐야만 속의 사정을 알 수 있다. 외부에서 분석하고 바라보는 것으로는 위기와 기회를 제대로 발견할 수 없다. 직접 투자에 뛰어들었을 때, 비로소 뜻하지 않았던 새로운 기회를 접할 수 있는 것이다.

물론 큰돈이 들기 때문에 한 번의 실패가 회복하기 어려울 정도의 큰 짐이 될 수 있다. 그렇기 때문에 신중을 기해야 한다. 하지만 지나치게 신중하게 고려하다가 정작 한 번의 투자도 못하는 경우도 쉽게 볼 수 있다. '집값이 떨어지면 어떡하지' 하는 걱정으로 집을 사기보다는 전세로만 거주하시는 사람들을 보자. 그들은 투자로 수익을 내는 사람들을 부러워하기도 하고, 투기꾼으로 몰아가기도 한다.

과거 부동산투자자는 복부인, 투기꾼 등으로 치부하는 경향이 있었다. 하지만 요즘에는 외국의 부동산투자 기법들이 전수되고, 체계적인 분석을 통해 안정적인 수익을 내는 부동산투자 전문 집단이 생기면서 인식이 많이 바뀌고 있다.

체계적인 분석을 통해 부담 가능한 범위 내에서 직접 투자해 보라. 물론 다른 사람들의 의견은 많이 들어야겠지만, 다른 사람들의 의견대로 해서는 투기가 될 뿐이다. 나만의 기준으로 체계적으로 분석하고, 직접 투자해야만 조금씩 실력을 늘려갈 수 있다는 점을 잊지 말자.

여기서 중요한 것이 내가 부담 가능한 범위를 아는 것이다. 아무리 분석을 잘했다고 하더라도 내가 부담할 수 있는 범위를 넘어 첫술부터 큰 욕심을 내면 실패할 가능성이 크다. 위험에 대한 대처능력이 없기 때문이다.

첫 단추를 잘못 끼우면 마지막 단추도 맞지 않는다

일관된 기준은 수없이 많은 변수가 존재하는 투자의 세계에서 중심을 잡아준다. 주변 사람의 이야기나 광고만 보고 투자한다면 성공을 해도 내 경험이 될 수 없고, 실패를 해도 책임을 피할 수 없다.

물론 투자를 시작하지 않으면 실패할 일도 없다. 그렇지만 투자가 아니더라도 우리는 부동산을 반드시 마주하게 된다. 거주할 집을 사거나 임대를 얻어야 하기 때문이다. 생존을 위해서라도 앞서 제시한 부동산투자의 기준을 필수적으로 마련해야 하는 것이다.

summary

부동산투자를 3줄로 요약하면 다음과 같다.

1. 자신만의 판단 기준

2. 중장기 투자

3. 무임승차가 아닌 부동산의 가치를 높이는 노력

16장

부동산시장은
합리적으로 움직일까?

부동산시장을 살펴보면 집값이 올라야 하지만 내리고, 내려야 하는데 오르는 경우가 발생하곤 한다. 예를 들어 미분양이 발생했는데 주변 집값이 오르는 경우다. 가장 큰 이유를 들자면 주택 크기별 미스매치가 될 것이다. 최근 부동산 수요는 중소형에 집중되고 있다. 미분양이 많았던 용인, 고양의 경우 대부분의 물량은 전용면적 85제곱미터 이상의 중대형이었다. 수요는 중소형에 집중되고 있는데 공급은 중대형 중심으로 이루어지니 중대형은 미분양이 발생해도 85제곱미터 이하의 중소형 물량이 부족해 가격이 상승한 것이다.

주택보급률이 100%를 넘은 지금의 시장 상황에서는 단순하게 수요·공급 총량만을 볼 것이 아니라 유형별·규모별로 세분화된 주택 수요를 분석해 맞춤형 공급이 이뤄져야 한다. 하지만 시장은 결코 합리적이지 않다. 미분양이 넘치는 지역이지만 시세가 오르고, 100% 청약을 이룬 신규 분양 아파트 주변의 주택 경기는 바닥을 친다. 전세 가격은 치솟는데 매매 가격은 곤두박질치기도 한다. 부동산시장은 더 이상 일반적인 상식이 통하지 않는 것처럼 보인다.

부동산시장이 비이성적으로 움직이는 것처럼 보이지만, 현상을 세부적으로 분석해보면 명확한 원인을 도출할 수 있다. 예를 들어 미분양이 넘치지만 가격이 오르는 경우라면 대형 평형 위주의 공급으로 인해 소형 평형의 가격이 오르는 결과가 가능하다. 부동산 가격이 계속해서 하락하지만 전세 가격이 오르는 경우라면 그 원인을 금리인상에서 찾을 수 있다. 그렇기 때문에 성공적인 부동산투자를 하기 위해서는 전체적이고 개략적인 미분양 물량이나 가격 분석이 아닌 세분화된 분석이 필요한 것이다.

공급이 늘어도 전세난이 없어지지 않는 이유

주택 공급이 꾸준히 늘고 있지만 월세 전환 속도를 따라잡기는 역부족이다. 게다가 반전세를 넘어 월세 비중이 더 높은 준월세 임대주택이 등장하면서 서민들의 주거비 부담이 가중되고 있다.

최근의 거주 형태는 보증금이 전세가의 10% 미만이면 월세, 10~60%는 준월세, 60% 초과는 반전세로 구분된다. 세입자가 보증금과 월세를 내는 보증부 월세는 임대료가 없는 '순수' 전세에서 보증금이 없는 '순수' 월세로 변화하는 과도기적 모습이라고 할 수 있다.

거주비가 증가하면 전세와 매매 사이에서 고민하던 실수요자들이 매매를 선택하는 경우가 많았다. 일반적으로 매매 가격 대비 전세가율이 60% 이상이면 투자 가치가 있다고 보기 때문이다. 전세 수요의 매매 전환이 극대화되면 전세 가격은 다시 하락하기 시작한다.

그런데 이런 과거의 상식과는 동떨어진 현상이 최근 발생하고 있다. 주택 매매가 활발하게 이뤄지고 있는 상황에서도 전세 가격은 내릴 조짐을 보이지 않는 것이다.

이러한 상황에서 전세가율을 투자 기준으로 삼기는 어렵다.

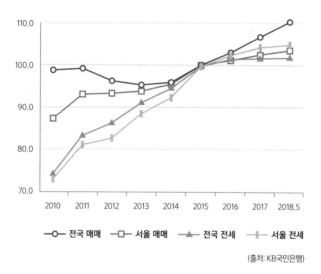

(출처: KB국민은행)

오래된 잣대로는 급변하는 시장에서 살아남을 수 있을까? 시장이 변하면 투자 기준도 변해야 한다.

자료를 보면 2010년 이후 매매 가격의 상승률은 높지 않은데 전세 가격의 상승률은 매우 높은 것을 확인할 수 있다. 수요 측면에서 보면 안정적인 거주 형태인 전세 수요가 월세 수요보다 높기 때문이고, 공급 측면에서 보면 집주인들이 기존 전세 물량을 월세로 전환하면서 전세 공급이 줄어들었기 때문이다.

집주인들이 전세보다 월세를 선호하게 된 것은 저금리 때문이다. 이러한 상황에서 정부는 여전히 매매 활성화를 통해 전세 수요를 줄이는 정책을 계속 추진해나가고 있다.

잘못된 진단과 처방은 시장을 왜곡시킨다. 매매 활성화를 위한 저금리 기조는 주택 가격은 물론이고 전세 가격 상승을 부추기는 결과를 초래했다. 전세 물량을 갑자기 늘리기란 어렵다. 월세 전환 충격을 줄일 수 있는 세제 혜택과 전세 수요를 소화할 수 있는 임대주택의 공급이 필요한 시점이다.

그래프 14. 아파트 전세가율 추이

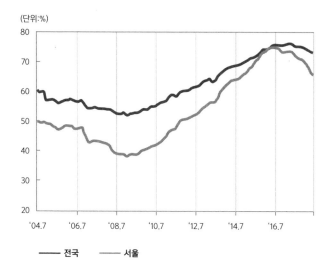

(단위:%)

전국 ── 서울

2008년 금융위기 때문에 부동산 가격이 하락하면서 서울의 아파트 전세가율은 50%도 채 안 됐었다. 이렇게 낮게 형성됐던 전세가율이 지속적으로 상승하면서 2013년 이후 60%를 넘어섰고, 현재는 약 75%에 이르고 있지만 전세가율은 여전히 증가하고 있다. 높은 전세가율과 극심한 전세난에도 전세 수요가 매매 수요로 전환되지 못하고 있는 것이다.

전세 수요의 증가에는 여러 가지가 복합적으로 작용한다. 가장 큰 이유는 지속적인 저금리 현상이다.

최근 3년간 1~2%대의 저금리가 지속되면서 임대사업자들은 전세 공급을 줄여 월세로 전환하고 있다. 저금리 시대에 임대사업자들의 월세 전환은 당연한 선택이다. 기존 전세 제도에서 집주인은 세입자의 전세 보증금을 은행에 넣어두거나 다시 재투자를 통해 수익을 추구했다. 하지만 저금리로 인해 은행이자 수입은 줄어들었고 그만큼 대출이자의 부담도 줄어들었다.

집주인에게 전세 보증금은 일종의 '빚'이다. 낮아진 대출이자로 대출을 받아 전세 보증금 일부를 세입자에게 반환하고 은행이자보다 높은 월세로 변경하는 편이 집주인에게 더 나은 선택이 된 것이다.

주택담보대출 증가 현상은 이를 바탕으로 해석해야 한다. 은행 빚으로 전세 빚을 갚는 악순환이 계속되고 있는 것이다.

허술한 분양가 책정 기준

자산 가치 상승을 가져올 수 있는 신규 아파트 분양 가격은 주변 지역의 초미의 관심사다. 주변 시세가 분양 가격에 영향을 받는 동조화 현상이 발생하기 때문이다. 사람들에게 분양가는 주변의 오래된 아파트 시세보다 원래 높은 것으로 인식된다. 놀랍게도, 지금까지 분양가는 정확한 기준을 통해 결정되지 않았다. 막연히 주변 시세보다 높게 책정하거나 최근 성공한 분양가보다 높게 책정하는 등 주먹구구식에 가까웠다.

하지만 최근 들어 분양가 책정 방식이 바뀌고 있다. 높은 분양가로 인해 미분양이 발생할 경우 사업에 막대한 지장을 초래하기 때문에 세밀하고 철저하게 분양 가격을 책정한다. 뛰어난 상품성만으로도 큰 장점을 가진 분양 물량이 주변 시세보다 저렴한 가격에 나오는 것도 이 때문이다. 이 경우 분양에 성공하는 것도 당연하다.

이처럼 합리적으로 책정된 분양가는 주변 아파트 시세에 영향을 미치지 못한다. 위례 신도시, 동탄 제2신도시의 경우 성공적인 분양에도 불구하고 주변 아파트 시세는 변함이 없었다. 가격 차이가 크지 않았기 때문이다.

투자자들 또한 가격에 예민하게 반응하기 시작했다. 준공연도, 평형, 브랜드, 입지, 조망권 등에 따라 부동산을 세분화해 대응하고 있는 것이다. 동일 단지에서도 동별 위치, 층에 따라 분양가가 차이를 보이고 있다. 온라인 입주자 커뮤니티와 SNS를 통해 하자보수와 같은 요구사항을 적극적으로 개진하고 공동으로 대응하면서 약자의 위치에 놓였던 소비자들의 권익 또한 크게 향상됐다.

이처럼 시장에서 통용되는 법칙들이 존재하지만, 이 법칙들이 언제나 합리적인 것은 아니다. 앞서 살펴본 것처럼, 법칙과 현상이 다르게 움직이는 경우가 훨씬 많다. 평범한 투자자가 변수에 일일이 대응하기는 힘들다. 그렇기 때문에 계속해서 '나만의 기준'을 강조할 수밖에 없다. 시시각각 변하는 시장을 관통하는 것은 결국 투자철학이라는 사실을 기억하라.

summary

정보를 독점해 수익을 올리던 시대는 이제 끝났다. 모두에게 공평하게 공개된 정보를 효과적으로 사용할 수 있는 사람이 원하는 수익을 올릴 수 있다. 부동산투자도 마찬가지다. 공개된 정보를 휴지조각으로 만들 것인지 금광으로 만들 것인지는 전적으로 개인의 분석 능력에 달렸다.

17장

전문가의 전망은
왜 서로 다를까?

동일한 현상에 대해 서로 다른 해석이 존재한다면 우리는 그 정보를 어떻게 받아들여야 할까? 비교를 위해 2015년에 이뤄진 두 개의 전망을 확인해보자. 주택산업연구원에 따르면 분양 물량과 미분양 물량이 급증하면서 주택 경기가 하락세에 진입하는 것이 아니냐는 논란이 있지만, 누적 분양 물량 등을 고려했을 때 시장에서 충분히 수용할 만한 수준이고, 미분양 증가와 가격 하락, 입주대란, 추가 가격 하락, 장기 침체로 이어질 가능성은 낮다고 주장했다.

이에 반해 한국개발연구원과 한국은행은 급증한 분양 물량이 준공 후 미분양 물량 증가로 이어질 수 있으며, 가계부채 증가, 고령화, 소득 수준과 집값의 차이, 저성장시대 등으로 인해 잠재적으로 위험이 된다는 상반된 주장을 펼쳤다.

하나의 시장, 서로 다른 전망

우선 대립된 각 주장에서 공통된 사실은 주택이 평균 이상으

그래프 15. 주택인허가 실적

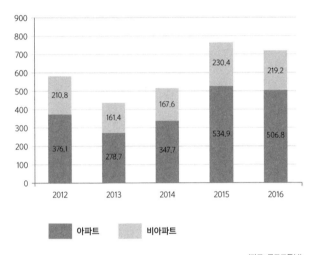

(자료: 국토교통부)

로 공급됐다는 것이다. 실제 2015년 주택 인허가 물량은 76만 가구로, 통계를 작성한 1977년 이후 38년 만에 최대치를 기록했다.

주택시장의 공급 물량은 꾸준한 논란의 대상이다. 공급 물량 자체는 명확하게 산출할 수 있기 때문에 논란의 소지가 없는 것처럼 보인다. 공급과잉과 공급부족을 결정하는 것은 사실 '수요'다. 수요가 명확하지 않기 때문에 논쟁이 되는 것이다. 수요가 명확하지 않은 이유는 '미국의 금리인상', '가계대출 규제 강화' 등 대외변수들의 영향이 크게 작용하기 때문이다.

부동산 전망 모형에서 주택 공급 물량, 금리, 인구 등의 요인에 의한 일반적인 수요 변화는 예측이 수월하다. 하지만 대외 경제나 정부 정책에 따른 수요 변화는 예측하기 어렵다. 국내외의 내로라하는 석학들도 경제예측을 놓고 설전을 벌인다.

이러한 논란은 금리를 결정할 때도 나타난다. 금리를 과반수로 결정한다면 믿을 수 있겠는가? 미국의 금리는 연방준비제도를 통해서 결정되는데, 위원회에 참여한 7명의 경제석학들의 경제 분석결과가 제각각이라 의견이 갈린다. 이처럼 상반된 의견을 조율하기 힘들기 때문에 위원들의 의견을 수렴해 과반수로 금리를 결정한다. 그만큼 경제 현황 분석과 예측이 어려운 것이다. 게다가 국가경제가 대외변수에 예민하게 반응하는 현실에서 금리와 부동산시장의 변화를 예측하는 것은 오만에 가깝다.

주택이 과잉 공급인지 적정 공급인지는 몇 년 후에나 드러난다. 그래서 정부나 연구기관은 눈앞의 책임을 회피하기 위해 공급에 대한 판단을 전적으로 부동산에 대해 잘 알지도 못하는데 전 재산을 부동산에 묻어둬야 하는 우리에게 떠넘기고 있다.

지역별, 시기별로 어떤 변수가 있는지, 우려되는 부분은 무엇인지 전망의 근거를 정확하게 공개해야 한다. 수도권과 지방을 분리했듯 지방도 도시별로 구분해야 한다. 또한 단지, 세대수, 평형 등의 규모도 세분화하여 제시해야 한다. 뭉뚱그려서 유리한 방향으로 해석하려는 얕은 수로는 더 이상 수요자들에게 신뢰를 얻을 수 없다는 것을 알아야 한다.

누가 부동산을 분석하는가?

수많은 변수가 존재하는 경제를 전망할 때는 시기와 상관없이 낙관론과 비관론이 첨예하게 대립한다. 결국 변수를 해석하는 방법에 따라 전망이 갈리는데, 연구원이나 전문가들의 전망을 살펴보면 특이한 점이 눈에 띈다. 낙관적으로 전망하는 곳은 항상 낙관적인 전망을 내리고, 비관적으로 전망하는 곳은 항상 비관적인 전망을 내린다. 연구원이나 전문가가 바뀌어도 방향성은 그대로다.

해석하는 방법은 해석하는 사람에 따라 다를 텐데, 어떻게 이렇게 일관되게 같은 입장의 전망을 내놓을 수 있는 것일까? 혹시 어떤 이해관계 때문에 그런 것은 아닐까?

예를 들어 금리 결정은 중앙은행과 기획새정부가 총괄한다. 그런데 중앙은행과 기획재정부의 목표는 서로 다르다. 중앙은행은 통화 정책의 일환으로 금리를 활용해 물가를 안정시키고자 하고, 기획재정부는 재정 정책의 일환으로 세금을 활용해 성장과 발전에 초점을 둔다.

만약 정부가 시장 활성화를 위해 금리인하를 결정한다면 성장에 초점을 둔 기획재정부는 정부의 의견에 동의할 것이다. 하지만 물가안정을 최우선으로 하는 중앙은행은 정부의 결정에 동의할 수 없다. 이처럼 같은 정책에도 입장 차이가 발생하는 것이다.

주택시장도 마찬가지다. 우리나라의 경우 주택시장이 경제에 미치는 영향이 매우 크기 때문에 주택시장 경기 활성화에 주력해왔다. 하지만 최근에는 주택시장을 안정화하려는 요구가 점점 확대되고 있다. 물가안정과 가계부채 등의 문제 때문이다.

일반적으로 주택시장 활성화를 유도하는 집단은 국토교통

부와 건설·부동산업계로 볼 수 있다. 국토교통부는 주택의 원활한 순환과 세수 증대를 목적으로 하며, 건설·부동산업계는 이익 증대가 목적이다. 주택시장 안정을 원하는 집단은 시장 안정이 최우선인 한국은행으로 대표된다. 앞서 언급했듯 물가안정과 가계부채 해결이 주목적이기 때문이다. 각 집단에서 나오는 경제 전망들은 일관적으로 집단의 이익을 대변하고 있을 뿐이다.

연구기관의 경우도 마찬가지다. 주택시장 전망 보고서를 매년 발행하는 곳은 한국건설산업연구원과 주택산업연구원이 대표적이다. 한국건설산업연구원은 대한건설협회가 출연한 연구기관이며, 주택산업연구원은 한국주택협회, 대한주택건설협회, 대한주택보증이 공동출연해 설립한 연구기관이다. 한국건설산업연구원과 주택산업연구원은 출연기관의 의견을 반영하지 않을 수 없다. 이러한 기관들의 전망은 항상 일관되게 주택시장이 조금 더 활성화되는 쪽으로 치우친다. 반면 한국개발연구원과 한국은행은 성장보다는 시장안정을 우선시하기 때문에 보다 보수적으로 전망한다.

긍정적으로 전망하는 곳은 보고서를 통해 많은 사람이 적극적으로 투자에 가담해 주택시장이 활성화되기를 기대하며, 보수적으로 전망하는 곳에서는 신중한 투자를 통해 거품을 줄이고 시장을 안정화하려 한다. 그렇기 때문에 보고서를 볼 때는 발간기관의 성향과 의도를 함께 고려해야 올바르게 해석할 수 있다.

부동산 뉴스에 등장하는 전문가 인터뷰 역시 마찬가지다. 부동산 전문가는 중립성과 객관성을 지켜야 하기 때문에 전문가다운 이야기를 못 하고 당연한 이야기만 한다. 그들도 단체나 기관에 소속돼 월급을 받는 사람들이다. 고용주의 이익에 반하는 이야기는 할 수 없다는 뜻이다. 같은 전문가로써 하나 마나 한 말을 할 수밖에 없는 비애를 통감한다.

또한 정부나 국책연구기관은 우울한 전망을 내놓기보다 낙관적으로 예상하고 싶어 한다. 물론 경제 전망은 대부분 틀린다. 실력이 모자라서가 아니라 애초부터 맞추기 어려운 숙제이기 때문이다.

매년 틀리는 집값 전망

연말은 전망의 계절이다. 각 분야에서 새해 시장 전망이 잇따르고, 기업은 이를 참고해 내년도 사업계획과 예산을 짠다. 개인들도 투자 여부와 시기를 가늠하는 중요한 잣대로 시장 전망을 활용한다.

　부동산 분야의 연구기관과 전문가들도 매년 새해 집값 전망을 내놓는다. 그런데 적중률이 형편없다. 한국건설산업연구원이 2012년에 펴낸 〈2013년 건설·부동산 경기 전망 보고서〉의 엄청난 헛발질을 보자. 그들은 서울과 수도권 집값은 '상저하고', 지방은 '상고하저'의 양상을 띨 것이라고 예측했다. 주택산업연구원이 헛발질에 빠질 리 없다. 그들 또한 서울과 수도권 집값은 '상저하고'의 경제 흐름과 유사할 것이라는 보고서를 내놓으며 2013년 상반기까지 주택시장 침체가 이어지겠지만 하반기부터는 집값이 상승세를 탈 것이라 예측했다. 대부분의 부동산 전문가들도 2013년 여름이나 하반기를 매수 최적 타이밍으로 전망했다.

2013년 실제 주택 가격은 어땠을까? KB국민은행에 따르면 2013년 말까지 서울 아파트 가격은 1.47% 하락했고, 수도권은 1.18% 하락했다. 예상이 보기 좋게 빗나간 것이다. 연구기관과 전문가들의 전망만 믿고 내 집 마련에 나섰던 사람들의 피해는 아무도 보상해주지 않았다.

연구기관들의 전망이 빗나간 것은 하루 이틀이 아니다. 예측이 계속해서 빗나가자 두 연구기관 모두 2011년부터 보수적인 입장을 취하며 1~2% 상승을 전망했는데 2011년에만 무려 6.86%나 상승했다.

가장 큰 망신은 2006년도 예측이었다. 종합부동산세 도입

표 7. 주택시장 전망

구분	한국건설산업연구원	주택산업연구원	한국감정원	부동산 변화값
2010년	4.0	서울 1.3(1.8) 수도권 0.6(1.4) 전국 0.1(0.4)		전국 1.89 수도권 -1.75
2011년	1-2	서울 1.5% 수도권 2.5 지방 2.0		전국 6.86 수도권 0.48
2012년	수도권 1% 지방 7%	서울 5% 수도권 1-2% 지방광역시 8%		전국 -0.03 수도권 -3.02
2013년	수도권 약보합 지방 강보합	주택 -1.3% 아파트 -1.1%		전국 0.37 수도권 -1.18
2014년	수도권 1% 지방 -1%		0.9%	2.1%
2015년	수도권 2% 지방 1%	전국 2.0 수도권 2.0 지방 1.5	2.3% 아파트 2.9-3.1%	전국 3.5 수도권 4.4 지방 1.7
2016년	수도권 3% 지방 2%	전국 3.5 수도권 4.0 지방 1.5	1.2-2.0%	전국 1.3 수도권 2.0 지방 0.7
2017년	전국 -0.8 수도권 0.0 지방 -1.5	전국 0.0 수도권 0.5 지방 -0.7	전국 -0.2 수도권 -0.2 지방 -0.4	
2018년	전국 -0.5 수도권 0.0 지방 -1.0	전국 0.2 수도권 0.8 지방 -0.5	전국 0.3 수도권 0.8 지방 -0.7	

(출처: 각 연구원 전망 보고서)

(주: 주택산업연구원 ( ) = 아파트)

과 다주택자 양도세 강화 등 고강도 부동산 대책이 화두였던 2006년에는 집값이 빠르게 안정될 것으로 전망했지만 전국의 아파트값은 13.23%, 서울은 22.97%라는 기록적인 상승세를 보였던 것이다.

집값이 올라도 오른 게 아닌 이유

주택시장을 전망할 때 간과하는 것이 있다. 바로 물가다. 각 연구기관은 주택시장을 전망할 때 5~6년 동안 평균 1~3% 내외의 상승을 상정한다. 그런데 정말로 집값이 이 수치만큼 오른 것으로 봐도 되는 걸까?

한국은행의 소비자 물가지수를 살펴보자. 소비자 물가지수는 2012년까지 3% 내외로 상승했고, 2013년 이후에는 1% 내외의 상승세를 유지하고 있다. 이러한 물가상승률을 반영하면 집값은 변화가 없거나 오히려 하락한 것으로 볼 수 있다. 실제로 2010년과 2014년의 사례를 살펴보면 주택 매매 시세는

표 8. 물가상승률을 고려한 주택 가격

구분	주택 매매 시세	물가지수	차이
2010년	1.89	2.60	−0.71
2011년	6.00	3.67	2.34
2012년	−0.03	2.07	−2.10
2013년	0.35	1.26	−0.91
2014년	1.97	1.25	0.72
2015년	4.23	0.70	3.53
2016년	1.35	0.97	0.38
2017년	1.26	1.96	−0.70

(자료: KB국민은행, 한국은행)

1.89%와 0.37% 상승했지만 물가지수를 반영하면 실제 상승률은 −1.07%, −0.94%로 오히려 마이너스다.

주택시장 전망에서 1% 상승한다고 말하는 것은 실질적으로 주택 가격의 하락을 예측한 것이다. 앞서 이야기한 것처럼 출연기관의 눈치를 볼 수밖에 없기 때문에 주택시장이 하락한다고 말하지 않을 뿐이다.

전망을 살펴볼 때 수치가 맞느냐 보다는 보고서가 현재의 시장 상황을 얼마나 잘 반영하고 있으며, 어떠한 변수들을 고려했는지 살펴봐야 한다. 세계적인 투자자 워런 버핏조차 "장기적인 경제 전망은 하지 않겠다. 쓸데없는 예측에 너무 많은 비용을 들이게 된다. 장기적인 경제 전망은 원래 예측이 불가능하다. 현실적으로 확률이 매우 낮은 일이라고 보면 된다"고 말했다. 결국 모든 결정은 매도자, 매수자 스스로 하는 것이다. 책임도 스스로 지는 것이기 때문에 전망을 맹신하지 말고 전망의 근거를 꼼꼼히 해석해보는 자세가 필요하다.

부동산 전망은 부동산시장을 활성화시키고 싶은 집단과 부동산시장을 안정화시키고 싶은 집단의 싸움이다. 정답은 몇 년 뒤에나 볼 수 있는 시험에 우리의 시간과 에너지를 낭비할 필요는 없다.

summary

전문가들은 구체적인 수치가 아니라 방향성에 초점을 두고 부동산의 미래를 예측해야 한다. 전문가들의 숫자놀음만 가득한 분석은 투자자들에게 판단을 떠넘기는 것과 다르지 않다.

18장

기사를 보고 투자해도
괜찮을까?

우리가 흔히 접하는 부동산 기사의 대부분은 국토교통부나 서울시, 경기도 등 공공기관이 발표한 보도자료를 바탕으로 작성된 "개발계획 확정"과 같은 내용이다. 물론 뉴스는 있는 그대로를 보도하는 것이 바람직하다. 그런데 이런 행태가 문제는 없을까?

신문기사를 보고 투자해서 성공한 사례는 거의 없다. 알 만한 사람은 다 알고 있는 정보이기 때문이다. 정보가 모두에게 알려져 있다는 것은 이미 가격이 정점에 올랐다는 의미다.

뉴스를 볼 때 유의할 점은 기사는 '사실'일 뿐 '진실'이 아니라는 것이다. 기자들은 객관적인 사실을 바탕으로 글을 쓰고 독자들에게 전달한다. 하지만 마감시간 내에 기사를 제출해야 하는 중압감과 특종에 대한 갈망 때문에 기자들은 정보의 '진실'을 파악하는 여유를 갖지 못한다. 그렇기 때문에 책임을 피해가기 위해 '누가 이렇게 이야기했다'라는 식의 기사가 많이 나오는 것이다.

개발계획 기사를 본 독자들은 '이 지역의 주변 땅이나 집에 투자하면 돈을 벌 수 있지 않을까? 개발 이후에는 시세가 지금보다 올라가겠지'라고 생각할 것이다. 하지만 이런 기대는 현장에 가보면 착각이라는 사실을 쉽게 알 수 있다. 정부가 확정안을 발표하기 전에 그 지역 주민들은 개발계획을 다 알고 있고, 이미 계획이 반영된 부동산 시세가 형성돼 있다. 그렇기 때문에 기사를 보고 투자하게 되면 상투를 잡는 위험에 처하게 된다.

주식에서도 소위 찌라시 정보들을 바탕으로 많은 투자가 이뤄진다. 그런데 찌라시 정보들은 확인되지 않은 것들이 많다. 찌라시 정보를 바탕으로 남들보다 먼저 투자를 해서 높은 수익을 달성하는 경우도 있다. 이때는 기사나 공시를 통해 정보가 공개되는 시점을 매도 시점으로 본다. 하지만 거짓 정보로 손실을 입는 경우가 대부분이다.

기사가 빨리 나와도 문제다. 계획 자체가 물거품이 될 수 있기 때문이다. 개발이 진행되면 해당 지역의 땅값이 오르는 것은 당연하다. 그런데 기사가 빨리 나오게 되면 투자자가 몰려

땅값이 급등하고, 급등한 땅값은 예산 부족을 초래한다. 정부와 지자체가 조심스럽게 계획을 수립하고 발표하는 이유다.

소문에 사고 뉴스에 팔아라

개발계획 기사는 그것이 어떤 정보를 담고 있는지 파악할 수 있을 때 비로소 수익이 된다. 초기 단계의 개발계획인지 확정된 개발계획인지 파악하는 것이 먼저다. 만약 초기 단계의 계획이라면 추이를 꾸준히 지켜보며 의사결정을 내려야 한다. 확정된 지 오래된 계획에 대한 기사라면 기대를 낮출 것을 권한다.

정보는 돈이다. 이 사실은 변함이 없다. 하지만 잘못 활용하면 독이 된다. 언제나 그렇듯이 맹신은 금물이다. 비판적으로 뉴스를 읽어야 좋은 정보를 얻을 수 있다. 그리고 발품을 팔아서 직접 확인하고 분석한 정보만을 믿어야 한다. 그래야만 수익이 발생하지 않더라도 참고 기다릴 수 있고, 투자에 실패하더라도 후회하지 않을 수 있다.

뉴스는 심리지표다

모든 정보가 투자의 재료가 되는 것은 아니다. 어떤 정보는 오히려 투자에 악영향을 주기도 한다. 부동산이나 주식 관련 투자 정보는 하루에도 수십 개씩 쏟아진다. 이러한 정보들 중 수익을 가져다줄 정보를 골라내기란 매우 어려운 일이다. 이것도 좋아 보이고 저것도 좋아 보인다. 투자하면 금방 부자가 될 수 있을 것 같다.

수많은 정보 속에는 좋은 정보와 나쁜 정보가 함께 있고, 특히 나쁜 뉴스들이 더 달콤해 보인다. 나쁜 뉴스는 고수익을 가져다 줄 것처럼 투자자들을 유혹한다. 만약 평정심을 유지하기 힘들다면 차라리 뉴스를 멀리해야 한다. 주식이든 부동산이든 투자는 심리 게임이고 시간 싸움이다. 나쁜 뉴스가 쏟아져도 흔들리지 않는 마음이 중요하다.

불곰은 바다에서 강으로 거슬러 올라가는 길목에서 연어를 낚아챈다. 가장 좋은 기회를 가만히 기다리는 것이다. 투자도 마찬가지다. 돈은 계속해서 흐르고, 투자의 기회는 계속해서

올 것이다. 문제는 그 기회를 잡을 때까지 흔들리지 않고 기다 릴 수 있는가이다.

필립 피셔는 "투자 세계에서 가장 큰 이익은 금융시장을 아 는 대부분의 사람들이 한 방향으로 갈 때 혼자만 정확히 올바 른 길을 찾아서 가는 사람에게 주어진다. 그러나 투자에 관한 일반적인 흐름에서 벗어나 반대 방향으로 갈 때는 반드시 자신 의 판단이 정확하다는 확신이 있어야 한다"고 했다.

남들과 정반대의 길을 가고자 할 때 만약 나만의 철학과 확신 이 없다면 첫걸음조차 뗄 수 없다. 만약 첫걸음을 내딛었다 하 더라도 그 길을 걷는 내내 뒤를 돌아보며 후회하게 될지도 모른 다. 높은 수익은 결국 평정심을 유지하는 데 달렸다. 그리고 평 정심은 판단력과 자신감에서 나온다. 판단력과 자신감은 시장 을 비판적이고 분석적으로 볼 수 있을 때 비로소 가능하다.

뉴스의 의도를 읽는 법

부동산 뉴스는 단순한 정보 전달 외에 여러 의도를 갖고 있다. 우리가 가장 많이 접하는 기사는 앞서 언급한 것처럼 광고주로부터 의뢰받은 상품을 간접적으로 홍보를 하는 기사다. 그 다음이 시장을 활성화시키거나 안정시키기 위한 의도를 가진 기사들이다. 현재 부동산시장이 지나치게 활성화돼 있다면 안정시키기 위해 거품이나 위험요소 등을 지적하고, 반대로 너무 침체돼 있다면 경기가 바닥이라는 여론을 형성해 반등의 계기를 만드는 것이다.

서울, 수도권과 지방 부동산은 달리 움직이지만 대부분의 부동산 뉴스는 서울과 수도권 중심으로 이야기한다. 재건축 뉴스에서는 개포 주공, 반포, 은마 아파트가 모든 재건축 단지의 변화를 대표하고 있다. 그런데 이 단지가 대표성을 가진다고 볼 수 있을까? 강남 재건축, 6억 이상 고가 아파트의 양도소득세를 비판하지만 대부분의 서민들과는 상관없는 이야기다.

강남의 부동산, 특히 재건축이 활성화되면 강북으로 기세가 이어지고, 전국적으로 확산된다고 이야기한다. 강남이 시발점이 된다는 것이다. 하지만 강남 재건축과 강북을 비롯한 지방의 재건축 활성화 요인은 엄연히 다르다.

국민의 절반 가까이가 거주하고 있는 수도권 중심으로 분석이 되는 것이 당연해보이겠지만, 지방 부동산은 수도권 부동산과 완전히 다르게 움직이기 때문에 분리해 분석할 필요가 있다. 수도권의 경우 대단위 택지지구와 재건축 등의 요인으로 움직이지만, 지방은 시장도 작고 신규수요도 없다. 재개발 · 재건축이 활성화되지 않아 전적으로 도시개발 정책이나 올림픽, 월드컵 같은 외부 요인에 의해 움직일 수밖에 없다.

수도권 중심의 몇몇 사례를 일반적인 현상으로 받아들이지 말고 지역별로 차별화된 정보를 찾아야 한다. 몇몇 지역의 정보를 바탕으로 전체 시장을 이해하는 것이 아니라, 속뜻을 파악할 수 있는 비판적 눈을 가져야만 한다.

신선한 재료가 있다면 누구나 맛있는 음식을 만들 수 있다. 하지만 위대한 요리사는 평범한 재료로도 감동을 주는 음식을 만들어낸다. 좋은 정보만 시중에 존재한다면 누구나 높은 수익을 올릴 수 있을 것이다. 좋은 정보와 나쁜 정보가 차고 넘치는 상황에서 지금 우리는 어떤 요리를 만들어낼 수 있을까?

summary

부동산 뉴스는 반만 믿어라. 모든 뉴스가 그렇지만, 부동산 뉴스에서도 무엇이 팩트인지만을 보는 것이다. 부동산 특성상 팩트가 시장에 영향을 미치는 시간이 오래 걸리고, 팩트로 인해 시장이 어떻게 변화될지 예측하기도 어렵다.